日土小学校の保存と再生

日土小学校の保存と再生

八幡浜市教育委員会 監修
「日土小学校の保存と再生」編纂委員会 編

鹿島出版会

刊行によせて

　50余年前、日土小学校中校舎と東校舎は、八幡浜市に合併後間もない日土町の谷あいに、戦後の新しい時代の教育を担う場として建てられました。川沿いにたたずむ校舎は、周囲の自然と一体となって、そこで学ぶ子どもたちを育んできました。
　その情景を、後に日本を代表する10人の建築家のひとりに選ばれた設計者・松村正恒氏は、次のように記しています。

　場所は、川幅が10米ぐらいの岸辺に川の上に迫り出して建っている。堰きとめられて川は水鏡、向かいの岸は急勾配の蜜柑山。テラスに桜の花が散り、五月の薫風にのって蜜柑の花の香りが教室にただよう、蛍の乱舞する夏の宵、柿の色、蜜柑の朱、落葉のいろどる冬の河。(「老建築稼の歩んだ道」)

　現在も、松村氏が記した自然そのままの静かな集落に、検討から竣工まで4年をかけた再生事業により、日土小学校中校舎・東校舎は建設当初の姿で甦り、改築された新西校舎とともに新たな歩みを始めました。この取り組みは、DOCOMOMO Japan 20選に選ばれるとともに国の重要文化財に指定され、貴重な歴史的建造物の原状を守りながら、現代に求められる教育環境を整え児童の安全を確保するために必要な改変をし、使い続けること、そのことにより建物の価値を後世へ伝えることをめざしたものです。
　本書を、戦後木造モダニズム建築の歴史的・建築的評価の指針として、また保存活用事例の記録として、広く活用いただければ幸いに存じます。
　終わりに、日土小学校の再生のために、真摯に検討いただいた八幡浜市立日土小学校再生計画検討委員会・成瀬鹿造委員長はじめ委員各位、困難のともなう工事に労を惜しまず取り組んでいただいた工事関係者各位に深く感謝申し上げます。
　また、工事前の現況調査から改修・改築計画立案、工事の監修および本書の編集まで、各方面からご指導ご協力賜りました故・鈴木博之東京大学名誉教授はじめ、一般社団法人日本建築学会四国支部日土小学校保存再生特別委員会の皆様に厚く御礼申し上げ、発刊のごあいさつといたします。

平成28年2月
八幡浜市教育委員会
教育長　井上　靖

目次

刊行によせて ──────────────────── 005

序言 ────────────────────────── 011

第1部　日土小学校校舎の保存と再生

　　　　保存再生計画の実施主体 ──────────── 016

第1章　八幡浜市役所における松村正恒の設計活動

　　　　松村正恒の経歴 ────────────────── 020
　　　　　　武蔵高等工科学校まで
　　　　　　土浦亀城建築設計事務所時代

　　　　八幡浜市役所における設計活動 ──────── 022
　　　　　　第1期　旧来のシステム内での抵抗
　　　　　　第2期　新しい建築的ヴォキャブラリーの実験と習得
　　　　　　第3期　松村スタイルが完成した時期
　　　　　　八幡浜市役所時代の松村正恒に対する評価
　　　　　　進化し続けた13年

第2章　日土小学校の位置づけ

　　　　日土小学校の沿革 ──────────────── 038

　　　　中校舎の建築について ──────────────── 040
　　　　　　1階の構成
　　　　　　階段
　　　　　　2階の構成
　　　　　　川側の外部階段とテラス
　　　　　　断面構成

　　　　東校舎の建築について ──────────────── 046
　　　　　　進化したクラスター型教室配置
　　　　　　居場所としての階段
　　　　　　川と一体になった図書室
　　　　　　外部階段とテラス
　　　　　　技術の手工業化

　　　　　　　日土小学校のメディアへの登場 ──────── 056
　　　　　　　　　松村自身による評
　　　　　　　　　内田祥哉による評

　　　　　　　完成形としての日土小学校 ──────── 059

　　　　　　　日土小学校がもつ価値 ──────── 060

第3章　　　保存再生計画の全体像

　　　　　　　保存再生計画の基本的立脚点 ──────── 064
　　　　　　　　　松村の設計した既存校舎（中校舎と東校舎）について
　　　　　　　　　新西校舎について

　　　　　　　学校教育施設としての基本的機能 ──────── 066
　　　　　　　　　学校建築計画学の観点から
　　　　　　　　　教育学的観点から

　　　　　　　中校舎と東校舎における保存再生 ──────── 071
　　　　　　　　　構造の観点から
　　　　　　　　　計画と意匠の観点から
　　　　　　　　　工事中の発見資料

第4章　　　場所別の再生手法

　　　　　　　校舎全棟の配置と概要 ──────── 090
　　　　　　　　　配置図／1階平面図／2階平面図

　　　　　　　中校舎諸室 ──────── 096
　　　　　　　　　1階主玄関・校長室・保健室周辺／
　　　　　　　　　1階職員室・ラウンジ・階段室周辺／
　　　　　　　　　1階作業室・特別支援教室周辺／
　　　　　　　　　2階普通教室・階段室周辺／2階普通教室・廊下周辺

　　　　　　　東校舎諸室 ──────── 106
　　　　　　　　　1階昇降口・ピロティ周辺／1階家庭科室・図工室周辺／
　　　　　　　　　2階相談室・廊下周辺／2階音楽室・多目的室周辺／
　　　　　　　　　2階図書室周辺

新西校舎のデザイン ———————————————— 116
　　　　外観／内部空間

色彩調査・改修結果 ———————————————— 120

● 　　　日土小学校　2012年9月27日、28日 ———————— 121
　　　　写真：山岸 剛

第2部　　工事記録
　　　　工事の内容 ———————————————————— 154

第5章　　中校舎改修工事 ———————————————— 157
　　　　外観／解体工事／基礎工事／躯体・軸組工事／
　　　　躯体・軸組の耐震補強工事／床組工事／屋根工事／
　　　　壁工事／天井工事／外壁工事／床工事／塗装工事／
　　　　建具工事・家具工事／ガラス工事／軒裏工事／樋工事／
　　　　庇・ブリーズソレイユ工事／外部鉄骨階段工事／
　　　　外部通路工事／外構工事／電気設備工事／
　　　　給排水衛生・空調換気設備工事／
　　　　中校舎　部位・部材別保存および現状変更リスト

第6章　　東校舎改修工事 ———————————————— 187
　　　　外観／解体工事／基礎工事／躯体・軸組工事／
　　　　躯体・軸組の耐震補強工事／床組工事／屋根工事／
　　　　壁工事／天井工事／外壁工事／床工事／塗装工事／
　　　　建具工事・家具工事／ガラス工事／軒裏工事／樋工事／
　　　　庇・ブリーズソレイユ工事／ベランダ工事／
　　　　外部鉄骨階段工事／外構工事／電気設備工事／
　　　　給排水衛生・空調換気設備工事／
　　　　東校舎　部位・部材別保存および現状変更リスト

第7章	改築工事 ———————————————————— 223
	トイレ棟改築工事／開放廊下改築工事／外構工事／
	新西校舎改築工事／工事の工程

第8章	図面資料
	設計・工事図面 ———————————————————— 234
	設計原図（八幡浜市役所蔵）／改修前調査図面／
	改修後図面

第9章	保存再生工事と日土小学校に関するデータ
	事業の運営と経費 ———————————————————— 294
	事業および工事関係者 ———————————————————— 295
	監修作業の経緯 ———————————————————— 298
	日土小学校の歴史（年譜）———————————————————— 300
	松村正恒および日土小学校に関する文献等 ———————————————————— 302

保存再生計画をふりかえって ———————————————————— 304

　　保存再生までの道のり
　　保存再生計画の全体像
　　この計画が実現したもの
　　日土小学校のこれから

あとがき ———————————————————— 308

クレジット ———————————————————— 310

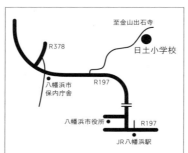

八幡浜市立日土小学校の位置

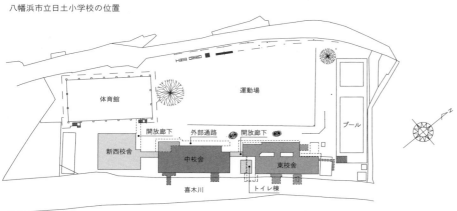

保存再生の区分

竣工時配置図
0　　25m

凡例

■ 中校舎保存改修部分（建築基準法による）
■ 東校舎保存改修部分（耐震改修法による）
■ 増築部分
■ 改築部分

序言

鈴木博之

　八幡浜市立日土小学校は、市の職員として勤務していた建築家松村正恒によって設計された戦後木造建築である。中校舎が1956年、東校舎が1958年にそれぞれ竣工しているので、これらの建物は2010年現在、建設後52年、54年を経たことになる*。

　今回、これらの校舎を修理するにあたって、八幡浜市から委託を受けて、(社)日本建築学会四国支部日土小学校保存再生特別委員会が作成した「現況調査及び改修・改築基本計画書」をもとに、市が望む国指定重要文化財指定をめざし、最新の教育環境を備えた改修であることを目的にした実施設計ならびに改修改築が行われた。現在、文化財建造物として指定・登録を受ける場合、竣工後50年を経過していることがひとつの目安となっている。これは、半世紀の年月を経るなかで歴史的評価が定まると考えられているためである。逆に言うならば、半世紀を経た現在、日土小学校校舎が国指定重要文化財指定をめざすならば、これまでの半世紀の間に十分な歴史的評価を得るにいたっているかの検証も必要となる。改築改修・実施設計を行う過程において、こうした評価の検証と価値の維持が図られなければならなかった。

　また2008年1月25日には文化庁において協議を行った。協議内容は、実施設計作業過程での問題点となった、具体的な各部の残し方、改修方法について文化財部建造物担当の堀勇良氏に御助言をいただくというものであった。その協議にしたがい、各部の残し方、改修方法について「出来うる限り残すこと」「記録を残すこと」など目標を定めた。また耐震構造判定については(財)日本建築防災協会に依頼し、構造設計内容と現場内容の検証を行った。

　このような過程を経て修理工事が開始されることとなったのは、この建物の歴史的価値に対する認識があったためである。設計者松村の評価は高く、1960年の『文藝春秋』誌上で設計者松村正恒が「建築家ベストテン──日本の十人」に選ばれ、日土小学校に佇む彼のポートレイトが掲載されたことはつとに知られていた。

　この建物が優れた学校建築の例として『建築学大系』等に掲載紹介され、最近では2003年刊の『建築設計資料集成』に復活・掲載され、その価値が再評価されていることも認識されていた。以上は建築家としての評価、建築計画上の評価である。

　また、近代建築(モダニズム建築)の保存と記録をめざす国際組織として組織された、ドコモモ(Documentation and Conservation of buildings, sites and neighbourhoods of the Modern Movement)すなわち「近代建築に関する建物、敷地、環境の資料化と保存の国際組織」という団体があり、わが国もDOCOMOMO Japanを組織して2000年に正式に加盟している。この組織では近代建築のリストアップを行い、1999年には「DOCOMOMO Japan 20選」を選定している。日土小学校はそのリストに掲げられた作品のひとつに選定されている。これは建築史上の評価である。その解説においては、地方におけるモダニズムの建築家として独自の活動をした松村の代表作と位置づけられており、「明らかにモダニズムの考え方にもとづく意識的な空間構成が図られ」ており、「平面計画では、教室と廊下、便所をそれぞれ独立要素として扱い」「断面計画でも、木構造のスケール感を生かした」「戦後のモダニズムによる学校建築の優れた事例」と位置づけている。さらには「日本独特の木造によるモダニズムの展開という意味でも重要な作品」であり、「現在も大切に使われ、原形をよくとどめている」と評価している。

＊編纂者付記：鈴木博之先生は2014年2月に逝去されました。
「序言」は工事報告書(2010年3月)所収の原文を掲載しています。

日土小学校の保存改修に際しては、(社)日本建築学会、(社)同四国支部、(社)日本建築家協会四国支部、(社)愛媛県建築士会、(社)愛媛県建築士事務所協会、DOCOMOMO Japanなどから保存に関連する要望書が寄せられ、ドコモモ・オランダ支部、ドコモモ・イスラエル支部、ドコモモ・ブルガリア支部、ドコモモ・トルコ支部からも支援メッセージが寄せられた。このような広範な関心と支援の存在は、それぞれが日土小学校校舎の建築的価値の高さを証明するものであった。これは、戦後の木造建築に対する関心の高さとしては、かつて見られなかったものである。

　広島の平和記念聖堂（1954年8月6日献堂）と広島平和記念資料館（1955年8月24日開館）が戦後建築としてはじめて国の重要文化財建造物に指定されたのは2006年のことであった。戦後60年以上を経てようやく文化財保護行政が戦後建築をその視野に入れるまでになったのである。
　東京丸の内に建つ明治生命館が、昭和期の建築として最初に重要文化財に指定されたのが1997年のことであるから、それから10年を経ずして戦後建築にまで、国家による建造物保存の視野が広がったことになる。これは単純な時の経過の結果ではなく、戦争直後の混乱を経て、あたらしい時代を体現する建築が生み出されたと、社会が認知したことを意味するであろう。
　世界平和記念聖堂は広島の原爆犠牲者を鎮魂し、世界の平和を祈念する聖堂として建設された。設計競技が行われたものの一等案は出ず、審査員のひとりだった村野藤吾が自ら設計者となるという変則的な経緯をたどって作られたものである。鉄筋コンクリートのフレームを露出させ、あいだをセメントモルタル煉瓦で充填した外観は、質素でありながら凛とした気品を漂わせる。コンクリートのフレームは日本建築の軸

テラスから改修前の東校舎を見上げる鈴木博之
（2005年12月9日）

組構成を思わせるところがあり、わが国における近代建築デザインの独自性を感じさせた。

広島平和記念資料館はやはり設計競技によって丹下健三等の案が一等となり、実施されたものである。広島平和記念公園の中心施設として建てられた。丹下は先の世界平和記念聖堂においても一等なしの二等入選を果たしていた。1階を吹き放しのピロティとした、横長のプロポーションのこの資料館の建物は、わが国にもたらされた本格的モダニズムの造型を印象づけた。このデザインを核とする平和記念公園の計画は1951（昭和26年）の第8回近代建築国際会議（CIAM）で発表され、国際的に日本の近代建築が認知される先駆けとなった。

広島平和記念公園の計画は、原爆ドームをデザインの中心に据え、平和記念資料館から延びる軸線が、あたかも厳島神社の鳥居から本殿に至る軸線のような超越性を形成する。丹下健三の造型力が遺憾なく発揮された計画である。ここにも日本の伝統的配置手法がモダニズムのデザインに応用されてゆくすがたを見ることができる。

ふたつの建物は敗戦、平和国家へと歩み出した日本を象徴する建物であり、この時代の精神をもっともよく示す建築である。それはまた、世界文化遺産に登録されている原爆ドームを取り巻く建築群を構成する存在であり、世界に対するヒロシマのイメージを形成した建築でもある。世界文化遺産を中心に、こうした建築群が周辺環境を形成してゆく文化財として保護されてゆくことは、ヒロシマを面的に継承してゆくうえで大きな意味をもつものであった。

このような戦後建築に対する評価の流れのなかに、あらためて日土小学校を位置づけておきたい。日土小学校は戦後教育の理念を体現しようとした試みと位置づけることが可能であろう。その点では、この建物も広島における建築と同じように、敗戦、平和国家へと歩み出した日本を象徴する建物であり、この時代の精神をもっともよく示す建築だといえよう。

しかしながら戦後建築が重要文化財となるに当たっては、いくつもの問題があることも事実である。戦後すぐに建設された建築は、材料・技術の両面できわめて貧しい状況のなかにあった。1950年代になってようやく鉄筋コンクリートによる建築がつくられるまでになったところである。広島におけるふたつの建物の場合は、まさに鉄筋コンクリート構造が戦後復活した記念碑でもあった。日土小学校は戦後木造建築であり、それを保存活用してゆくには数多くの課題が存在する。それだけにこうした建築を今後どのような手法によって保存しつづけてゆくか、未知の問題もまだまだ多い。

広島平和記念資料館の場合には、20年ほど前に、外装に石貼りを導入するなどの工事を行って保存に努めてきた。打ち放しコンクリートを長持ちさせるためには、何らかの手段を講じなければならないのである。この維持修復工事が終了した際に、設計者の丹下健三氏に話を聞いたことがあるが、そのとき彼は「つまりこの建物はモニュメントになったのですね」と答えた。この時点で建築は設計者の手を離れて、社会のものとなったという感慨を氏が抱いているように思われた。広島平和記念聖堂の場合も、施工を行った清水建設がその後も長く維持工事を担当してきたと聞く。恒常的な維持行為があってこそ、こうした建物は生きつづけられるのである。保存手法の開発はさらになされなければならない。

日土小学校のように、断面形状の小さい部材を用いた木造建築の場合、凍結的に既存の構造を固定することが文化財的価値の担保に、単純にはつながらない。構造上の不安定要素を克服し、戦後木造建築の特性をふまえて、将来にわたる文化財保護の視点を確立するためには、幅広い建築調査によって未来の建築像を十分に把握しておくことが必要になる。

　さらには、今回の修復工事においては、活用されつづける施設であることが前提条件であった。建造物を保存する場合、従来からの機能を遂行しつづけるか、新しい機能を付加するか、何らかの機能的性能を有する必要がある。日土小学校は地域の教育施設として活用されつづけることが地元の期待であり、そこでは先端的教育水準を確保することが求められていた。一般に建築物の活用・継承を考える際には、その建物の立地、基本的構造、計画学的な機能構成、細部意匠と仕上げなどの特質を十分に把握しておくことが重要である。日土小学校校舎は、これらの要素のいずれにおいてもきわめてユニークであり先駆的である。事実、日土小学校校舎はDOCOMOMO Japanによって、「日本独特の木構造によってモダニズム建築を実現していること」、「新しい教育のあり方を想定した近代的で計画的な空間構成が実現していること」として、高く評価されている。こうした基本的性格を保ちつつ、高度な教育機能を付加することが求められたのであった。

　戦後木造建築であるモダニズム建築の文化財的価値を維持しつつ、高度な教育施設としての機能も保持しつづけるという課題が、今回の修復工事の枠組みを構成していた。こうした課題はわが国の建築修復事例においてははじめてのものである。戦後木造建築として初の重要文化財建造物の指定をめざした本工事がもたらすものが、わが国の文化財建造物保存修復事業に新しい可能性を示すことを願っている。

第1部

日土小学校校舎の
保存と再生

保存再生計画の実施主体

計画の概要

　日土小学校の保存再生は、2006（平成18）年3月にまとめられた「八幡浜市立日土小学校再生計画検討委員会」（八幡浜市教育委員会）の市長答申で、その方向が定められた。答申では、再生計画の方針が簡潔に示されるとともに、日土小学校の現況調査等の必要性も付言した。それを受けて教育委員会は、2006年8月に基本調査の実施および基本計画策定を日本建築学会四国支部に委託した。日本建築学会四国支部では、「日土小学校保存再生特別委員会」を組織し、支部以外の研究者の支援も受けるべく、鈴木博之東京大学教授（当時）を委員長に、基本調査と基本計画策定の作業にあたった。また、学校・保護者・地元住民を交えた基本計画検討会においても意見交換を行い、細部のあり方について調整を行った。

　同委員会は、2007年度の改修・改築の実施設計、および2008年度事業としての改修・改築工事（工事は2009年6月完了）についても、細部にわたっての実質的な監修作業に携わり、重要な文化財としての価値を損なわないよう、慎重な検討と助言を行った。

基本調査および基本計画について

　日土小学校の校舎は、屋内運動場（1996年）をのぞく教室棟としては、松村正恒が設計した中校舎（1956年）と東校舎（1958年）、および松村以外の市職員による西校舎（1955年増築）の3棟からなる。基本調査は中校舎と東校舎および植栽等を含む校地全体を対象とし、基本計画は中校舎と東校舎の保存改修、西校舎の改築を前提に、校地および校舎群全体を見渡しつつ策定した。

　基本調査は2006年8月〜2007年2月、基本計画策定作業は調査と並行しながら検討がはじまり、2007年3月に策定作業が終了した。以下は主要事項ならびに委員会の構成である（役職は事業時のもの）。

現況調査（2006年8月24日）

基本調査主要事項：建築計画・意匠、各種部位、構造、設備、植栽、その他
基本計画策定事項：中校舎および東校舎の保存改修計画、西校舎の改築計画
調査及び策定期間：2006年8月～2007年3月
基本調査および基本計画：日本建築学会四国支部　日土小学校保存再生特別委員会
委員長：東京大学教授　鈴木博之（総括・建築史）
委員：愛媛大学教授　曲田清維（建築計画）
　　　神戸芸術工科大学教授　花田佳明（建築計画・建築史）
　　　東京電機大学教授　吉村　彰（学校施設計画）
　　　東京大学助教授　腰原幹雄（構造計画）
　　　日本建築学会四国支部　賀村　智（建築計画）
　　　同　和田耕一（建築計画）
　　　同　武智和臣（建築計画）
　　　同　三好鐵巳（建築計画）
研究協力：東京大学腰原研究室　佐藤孝浩（構造計画）
　　　　　愛媛大学助教授　杉森正敏（木質構造）
事業主体および事務局：八幡浜市　八幡浜市教育委員会

改修・改築の実施設計および工事の監修について

　改修・改築の実施設計および工事の施工については、重要な文化財としての位置づけから、設計および工事全体を緻密に監修する業務を、基本調査・基本計画を担当した日本建築学会四国支部日土小学校保存再生特別委員会が、八幡浜市教育委員会および監理開発課との連携の下に継続的に行った。
　日土小学校の保存改修・改築の実施設計は、和田耕一（和田建築設計工房）が請け負った。そのうち、主要な保存改修部分の中校舎および東校舎については和田耕一が直接担当し、学校施設機能の補完としての教室増築に該当する西校舎の改築については、武智和臣（アトリエA&A）が担当した。また構造計画については、腰原幹雄（東京大学准教授）が担当した。実施設計を進めるにあたっては、上記特別委員会が監修にあたり、必要に応じ、具体的検討と助言を行った。実施設計期間は、2007年9月から2008年3月である。
　改修・改築工事についても同様の手続きを取った。すなわち設計変更に関する事項、現場で生じる種々の重要事項についての判断は、すべて日本建築学会四国支部日土小学校保存再生特別委員会に仰ぎ、監修作業として慎重に処理した。
　なお、文化庁・堀勇良主任調査官（当時）には実施設計に至るまでの助言指導を得ている。
　以下、主要事項ならびに委員会の構成である（役職は事業時のもの）。

中校舎と東校舎の設計：和田耕一（和田建築設計工房主宰）
西校舎の設計：武智和臣（アトリエA&A代表）

実施設計の期間：2007年9月〜2008年3月
改修・改築の工事期間：2008年8月〜2009年6月
実施設計と工事の監修：日本建築学会四国支部　日土小学校保存再生特別委員会
委員長：東京大学教授　鈴木博之（総括・建築史）
委員：愛媛大学教授　曲田清維（建築計画）
　　　神戸芸術工科大学教授　花田佳明（建築計画・建築史）
　　　東京電機大学教授　吉村　彰（学校施設計画）
　　　東京大学准教授　腰原幹雄（構造計画）
　　　日本建築学会四国支部　賀村　智（建築計画）
　　　同　和田耕一（建築計画）
　　　同　武智和臣（建築計画）
　　　同　三好鐵巳（建築計画）
研究協力：東京大学腰原研究室　佐藤孝浩（構造計画）
事業主体および事務局：八幡浜市　八幡浜市教育委員会

改修工事中の現場（2008年12月15日）

改修・改築工事完了後のシンポジウム（2009年8月1日）

第1部
日土小学校校舎の保存と再生

第1章
八幡浜市役所における松村正恒の設計活動

日土小学校の保存再生計画についてくわしく述べる前に、本章では、その設計者である松村正恒の生い立ちと、八幡浜市役所における設計活動の概要を説明しておきたい。なぜならば、日土小学校のデザインは、感覚が生み出した偶然の産物ではなく、戦争を挟んだ時代を生きたひとりの建築家の真摯な思考と実験が生み出した論理的必然だからである。

松村正恒の経歴

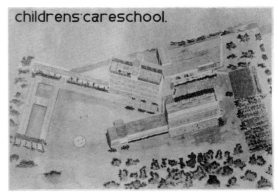

武蔵高等工科学校まで

　松村正恒は1913（大正2）年、現在の愛媛県大洲市新谷町の旧家に生まれた。大洲藩6万石の支藩である新谷藩1万石に仕えた武家である。
　大きな家に生まれ何不自由なく育つはずが、松村が2歳のときに父親が亡くなり、母親とも別れて暮らすなど、やや寂しい原風景を背負っている。
　1925年に大洲中学校に入学し、大正デモクラシー色の濃い自由な教育を受け、1930（昭和5）年に卒業した。
　その後2年間の浪人生活を経て、1932年、武蔵高等工科学校建築工学科に入学した。1929年に創立されたばかりの新設校であり、松村自身の期待も決して大きくはなかった。[1,2]
　しかし同校には、バウハウスから帰ったばかりの蔵田周忠が1932年に教師として赴任しており、松村は彼の薫陶を受け、建築に目覚めていく。蔵田に『国際建築』編集長の小山正和を紹介され、同誌で翻訳の仕事をする機会なども得た。蔵田と松村の師弟関係は、晩年まで続いた。
　松村は学外での活動も積極的に行った。川喜田煉七郎の新建築工芸学院へ通い、児童問題への関心を深めて関連図書を独学し、今和次郎の知遇を得て民家研究会へ参加したりしている。
　卒業設計は〈childrens' careschool〉と題された計画で、卒業アルバムのなかに図面が1枚残り、後年、松村自身も語っているとおり、恵まれない状況にある母子のための施設である。巧みな配置計画による空間演出がなされており、後の松村の仕事の萌芽がある。近代建築のデザインと社会問題への関心が融合された作品であり、彼の学生時代の総まとめにふさわしいものといえる。[3]

土浦亀城建築設計事務所時代

　1935（昭和10）年、松村は武蔵高等工科学校を卒業し、蔵田の強い薦めに従って土浦亀城の設計事務所に就職した。[4]
　松村はそこで、いわゆる「白い箱」としてのモダニズム建築の設計に携わった。長谷川三郎邸、竹原邸、田宮邸という3軒の住宅の設計と、強羅ホテルの現場監理がおもな担当物件である。[5]
　1939年からは満州の新京に移転した同事務所で働き、植民地での厳しい生活も経験した。

1　武蔵高等工科学校正門
（卒業アルバム『1935 武蔵高工建築科第五回卒業記念』から）
2　卒業アルバムのなかの松村の肖像写真
3　松村の卒業制作
「childrens' careschool」

5

4

松村は在満期間も含め、土浦事務所勤務時代に以下のような自主的学習を続けている。

- 『国際建築』誌での英語文献の翻訳
- 保育問題研究会の活動への参加と、それを通した城戸幡太郎、浦辺史、塩谷アイら社会問題の専門家や活動家との接触
- 『国際建築』1939年9月号での「新託児所建築」という特集づくり
- 海外文献による最新の学校建築に関する情報収集。
- 託児所や病院建築等に関する独自の学習ノートの作成 6

松村は一民間人でありながら、これらの作業を通して、子どものための施設や医療関係施設に関する最新の海外事例や建築計画的知識を独学で身につけており、それが戦後の八幡浜市役所における設計活動の基礎になったといえる。

満州から帰国した松村は、土浦事務所を辞して1941年に農地開発営団へ移り、日本海側の貧しい農村の住宅調査に従事した。松村の社会派的気質が、土浦亀城に漂うスタイリッシュな建築家像に耐えられなかったのだ。

4 1936年、土浦事務所の
入っていた山中ビル屋上にて撮影
(日本建築学会蔵、松村家旧蔵)。
左から、河野通祐、松村正恒、土浦稲城、
郡菊夫、今井親賢、森田良夫
5 設計を担当した長谷川三郎邸の
バルコニーに立つ松村
6 病院関係のノートの一部
(日本建築学会蔵、松村家旧蔵)
エッセン市立病院小児科病室に関する
雑誌記事の切り抜き、平面図のトレース
などが貼られている

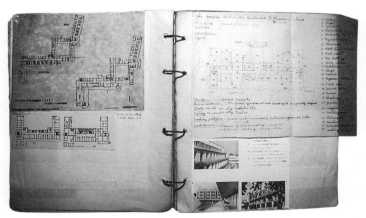

6

八幡浜市役所における設計活動

　終戦とともに松村は農地開発営団を辞し、郷里・大洲に帰る。そして1947（昭和22）年に八幡浜市役所土木課建築係に奉職した。

　当時の八幡浜市は、まさに戦後の新しい地方都市の体制を探り始めた時期である。とくに、1947年3月に教育基本法が公布され、八幡浜市でも新たな学校づくりが、校舎と教育内容の両面において進み始めていた。

　1947年から市長となった菊池清治は、広島高等学校や松山高等学校の校長を歴任した学者市長であり、地方自治への志の高い人物であった。

　そして厳しい財政事情のなか、学校、病院、母子寮、養老院等の公共施設を建設し、八幡浜市のインフラを整備したが、それらの設計を担当したのがおもに松村だった。

　松村は敬意をもって菊池に接し、また菊池は、松村の斬新な計画内容を評価して、古い体質の教育委員会や市議会やPTAなどによる批判から彼を守った。

　松村はその後、1960年まで八幡浜市役所に勤務した。同市に残る工事台帳によれば、13年の在職期間中に30数件の公共建築の設計に携わったと考えられる（八幡浜市以外の自治体の建物3件を含む）。

　13年という必ずしも長くない期間に、松村のデザインは、戦前の香りのする素朴な木造建築から、日土小学校に代表されるような独自のモダニズム解釈の建築へと大きく変化した。それは、概ね3つの時期に分かれている。

第1期　旧来のシステム内での抵抗
（作品の竣工年でいえば1948年から1950年）

　八幡浜市役所に奉職した松村が、地方都市の教育委員会等の旧態依然とした学校観に苛立ちながら、戦前に蓄えた知識にもとづく設計作業を開始した時期である。

　この間に松村が設計したのは、以下の実現した5つの学校とひとつの公民館、そして実現にはいたらなかったひとつの学校だ（特記なきかぎり括弧内は竣工年、以下同）。

- 愛宕中学校（1948年）[7]
- 神山公民館（1948年）
- 松蔭小学校（1949年）[8]
- 白浜小学校増築工事（1949年）
- 神山小学校計画案（1949年　実現せず）[9]
- 八代中学校（1949年）[10]
- 川之内小学校（1950年）[11,12]

　いずれも、屋根はセメント瓦、外壁は下見板張り、横羽目板張り、竪羽目板張りの木造建築で、文部省基準に準じた標準的な建築といえる。

　しかし、専門誌に掲載された松村の言葉や、残された写真・図版等によれば、以下のような独自のデザインを彼が始めていることを見てとることができる。

7

10

8

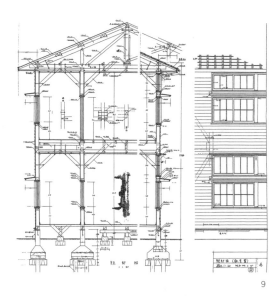
9

● 階段室や昇降口の演出
　愛宕中学校以降に共通する手法で、階段室の踊り場を開放的にしたり、玄関に吹き抜けを設けたりした。

● 権威的な玄関の否定
　松蔭小学校の透視図に象徴的だが、シンメトリカルな壁面の中央に象徴的に玄関を構えた旧来の学校とは違い、玄関部分を大きなヴォイドにすることで権威性を消し、教員も生徒も共に昇降口から出入りする計画とした。

● 両面採光への萌芽
　松蔭小学校では教室への外廊下の屋根を高くして教室への採光を工夫した。さらに川之内小学校では昇降口の屋根にトップサイドライトを設けて、教室内に運動場側だけでなく廊下側からの採光も確保する両面採光のアイデアの萌芽が見られる。
　このようなデザインに対しては、古い体質の教育委員会や市議会からの反発があったが、松村はそれらを巧みにかわしながら、新しい学校建築の実現に向けた歩みをスタートさせた。八幡浜市役所時代の第1期にあたるこの時期は、松村が学校建築における教室への両面採光など、自らの設計テーマを見つけた時期といえる。

11

7　愛宕中学校全景（『愛宕中学校創立五十年記念誌』から）。手前のL型部分が松村の設計
8　松蔭小学校透視図（『建築文化』1949年9月号から）
9　神山小学校計画案の矩計図（八幡浜市役所蔵）
10　八代中学校全景（『八代中学校創立50周年記念誌』から）
11　川之内小学校昇降口（現存、2006年8月27日撮影）
12　川之内小学校外観（2006年8月27日撮影）

12

第2期　新しい建築的ヴォキャブラリーの実験と習得
（作品の竣工年でいえば1951年から1954年）

第1期にあたる時期を経て、松村はその後、学校建築と病院関連施設を中心に、さまざまなデザインの実験を行い、その特徴を確立していく。この時期に設計されたのは次の建物である。

- 八幡浜市立図書館（1951年）
- 松柏中学校（工事契約1951年3月）
- 舌田小学校改修工事（図面表記1951年10月）
- 市立八幡浜総合病院東病棟（工事契約1952年3月）
- 長谷小学校（1953年）
- 魚市場増築工事（1952年）
- 市立八幡浜総合病院結核病棟（1953年）
- 八代中学校増築工事（1953年）
- 江戸岡小学校（1953年）
- 国体施設（1953年）
- 市立八幡浜総合病院給食棟（1954年）
- 市立八幡浜総合病院伝染病棟（1954年）
- 新谷保育所（図面表記1954年5月、大洲市、松村個人としての仕事）

このうちの代表的な建物によって第2期の特徴や変遷を描くと、以下のようになる。

八幡浜市立図書館での変化

八幡浜市の中心部の川沿いに建っていた図書館は、その後市内の別の場所に移築され、現在は閉鎖されたものの、建物は保存されている。13

小規模な建物であるが、ここで以下のような新たな建築的ヴォキャブラリーが一気に登場し、松村のデザインが新たな段階へ入っていく。

●平滑な外壁と屋根

第1期から大きく変化したのは、外壁仕上げが板張りではなく、木造のラスモルタル仕上げになったことである。これは、1950（昭和25）年5月に施行された建築基準法によって、建物の防火性能の向上が求められたという外的条件によると思われるが、それによって、これ以降の松村建築の印象を決定づける平滑な外壁が誕生した。

一方、そのような外壁とは趣を異にする勾配屋根は引き続き使われ、これ以降、インターナショナル・スタイルを連想させる外観の上に勾配屋根が載るという、松村独特のデザインが定着した。

●水平性の強調

屋根の軒先、窓枠、手摺、庇などのラインによって水平性を強調するデザインが登場した。とくにバルコニー部を構造から切り離し、壁に遮られることなく水平に連続する開口や手摺を設けているが、これは後のカーテンウォール形式の外壁の萌芽といえる。

●環境工学的な配慮

深い庇、ホッパー窓、回転式ルーバー、固定式ルーバー、見込みの大きい窓枠などの仕掛けによって、光や空気を制御する環境工学的なデザインがなされた。14

またこれ以外にも、構造の明快性、階段まわりの細やかなデザインなどの特徴も指摘できる。

病院建築での展開

市立図書館を完成させた後、松村は八幡浜総合病院の一連の建物をてがけた。これら東病棟、結核病棟、給食棟、伝染病棟を設計するなかで、その後の学校建築よりも先に、デザイン上の大きな改革が実践されていった。

13　八幡浜市立図書館外観
（2005年8月5日撮影）
14　外装矩計図の一部と拡大図。回転式ルーバーやホッパー窓などが確認できる（八幡浜市役所蔵）
15　東病棟外観
（日本建築学会蔵、松村家旧蔵）
16　東病棟矩計図（左）と窓回りの拡大図（右、八幡浜市役所蔵）

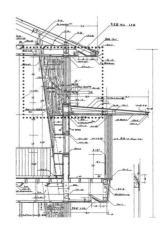

その先陣を切ったのが東病棟である。そこでは、以下のような新しいデザインが実践され、松村の建築的特徴がかたちづくられていく。15

● 装置化された外装

矩計図からもわかるように、外装部分には、遮光庇、ホッパー窓、花台、上げ下げ式遮光パネルが組み込まれ、光や空気を制御できるようになっている。またそれらが生む水平性が、外観の印象を決定づけている。16

● 全体性のある構造計画

矩計図からわかるように、東病棟では外壁を基礎から持ち出し、中央床下のコンクリートで引く「やじろべえ」式構造を採用している。また2階床を合わせ梁としてスパンを飛ばし、妻側に大きなバットレスを設けて水平力に対抗することで病室内を大空間とするなど、構造計画と強い関係をもたせたデザインが現れ始めている。

15

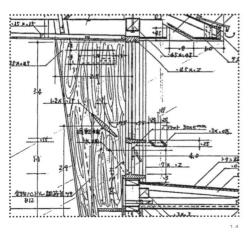
14

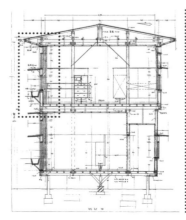

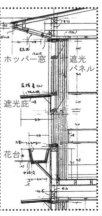
16

● 階段や家具などの細やかなデザイン

松村は第1期からすでに細部を丁寧にデザインしているが、東病棟では、繊細なサッシュ割りによる階段室や、病室の軽快な間仕切りや家具等の細やかな意匠がいっそう洗練され、空間の質感を決定する要因としての重要度を増した。

このようなデザインをさらに発展させたのが結核病棟である。木造2階建ての60床の建物で、東西に長い病室から突出したガラス張りの明るい階段室が印象的だ。17

外観は東病棟よりもシンプルになったが、モダニズム建築の開放感を、木造によって具体化した希有なデザインといえるだろう。

ここでは特に病室の内部空間が細かく設計され、工夫された家具、間仕切り、建具、多様な色彩によってさまざまな場がしつらえられ、患者の生活を空間的に支えるデザインが試みられている。18

さらに、伝染病棟においては、外装の単純化がいっそう進み、水平連続窓によるモダニズム建築に特徴的な表現が洗練されるとともに、1階部分の木造の柱がすべて壁面から分離され、丸鋼ブレースによって水平力に抵抗するというハイブリッドな構造が本格的に実践された。19, 20

このようにして、松村は一連の病院関連施設で構造から外観や内部空間におよぶさまざまなデザイン上の実験を行い、新たなヴォキャブラリーを手にしていった。

18

19

20

17

学校建築での展開

病院関連施設での展開の合間を縫うように、松村はいくつかの学校建築も実現させ、デザインも大きく変化していった。その中心となったテーマは、第1期に芽生えた教室への両面採光である。

まずは、外装がモルタル塗りの松柏中学校が完成した。市立図書館における変化の反映である。ただし内部は旧来の木造校舎の雰囲気を引き継ぐ、まさに過渡的なデザインである。[21]

次いで、長谷小学校において、教室への採光に関する直接的な工夫が始まった。同校は、市内の山頂にある蜜柑農家の子どものための複式学級を前提にした小規模校だ。[22]

その教室の断面は、トップサイドライトによって廊下側からも採光を得るとともに、回転式ルーバーによって日射をコントロールできるようにもなっていた。[23]

21

22

17 結核病棟外観（日本建築学会蔵、松村家旧蔵）。ガラス張りの階段室が美しい
18 結核病棟病室（日本建築学会蔵、松村家旧蔵）
19 伝染病棟外観（日本建築学会蔵、松村家旧蔵）
20 伝染病棟の南立面図（八幡浜市役所蔵）。2階のガラス連続面、木造の柱列、丸鋼ブレースの組み合わせがよくわかる
21 松柏中学校外観（左）と内観（右、ともに日本建築学会蔵、松村家旧蔵）
22 長谷小学校の竣工直後の写真（八幡浜市教育委員会蔵、1953年1月10日撮影）
23 教室の矩計図（八幡浜市役所蔵）。回転式ルーバーによって、日射をコントロールできる

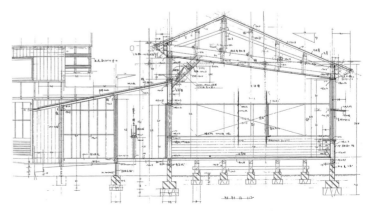

23

24

25

24　江戸岡小学校全景（日本建築学会蔵、松村家旧蔵）
25　江戸岡小学校教室棟外観（日本建築学会蔵、松村家旧蔵）
26　江戸岡小学校昇降口（日本建築学会蔵、松村家旧蔵）
27　松村が描いた江戸岡小学校の断面と校舎配置のスケッチ

第1期からの試行をもとに、両面採光の基本形を確立したのが、江戸岡小学校である。24,25

同校では、写真と断面スケッチが示すように、1階昇降口と2階廊下の高さを変化させることによって、教室に運動場側からの光を採り込み、両面採光が実現した。1階は昇降口経由、2階はトップサイドライトから直接にである。26,27

1階は、第1期の川之内小学校の昇降口に建具を入れて内部空間化したものであり、2階は、第2期の長谷小学校の断面だといえる。それらを2段に重ね、昇降口では合わせ柱と合わせ梁の組み合わせによってスパンを飛ばし、2階廊下は持ち出し梁で支えるという構造的工夫によって、ガラス面の連続性を確保した。

その他、教室の内装、教室の外装の詳細設計、外観デザインなども高い完成度で行われ、江戸岡小学校は、この時期までの松村の思考をすべて具体化した学校建築となった。

26

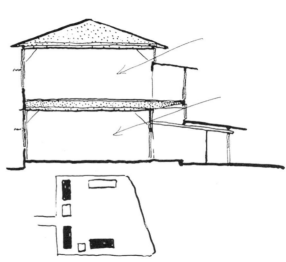

27

第3期　松村スタイルが完成した時期
(作品の竣工年でいえば1955年から1960年)

　松村の八幡浜市役所での仕事はいよいよ完成に向かう。彼はこの間に、八幡浜市や他の自治体の学校建築を、クラスター（ぶどう等の「房」の意）型教室配置の採用、ハイブリッドな構造の展開等によって完成させ、高い評価を得た。また、一連の病院関連施設も完結させ、コンクリート造にも挑戦した。

　この時期に彼が設計したのは次の建物である。

- 新谷中学校（1955年、大洲市、松村個人としての仕事）
- 市立八幡浜総合病院看護婦寄宿舎（1955年）
- 川上公民館（1955年）
- 江戸岡小学校特別教室棟（1955年）
- 尾の花保育園（1956年開園）
- 日土小学校（中校舎／1956年、東校舎／1958年）
- 市立八幡浜総合病院結核病棟増築棟（1956年）
- 川上中学校増築工事（1956年）
- 真穴中学校増築工事（1956年）
- 中津川公民館（1956年）
- 江戸岡小学校便所増築工事（1956年）
- 神山小学校（1957年）
- 狩江小学校（1960年、明浜町、松村個人としての仕事）
- 市立八幡浜総合病院（1960年）
- 白浜小学校（1960年）

　このうちの代表的な建物によって第3期の特徴や変遷を描くと、以下のようになる。

新谷中学校

　松村が、郷里の大洲市からの依頼で設計した中学校である。28、29

　この建物の最大の特徴は、クラスター型教室配置が具体化されたことである。ふたつの教室ごとにロッカー室や教員の準備室を設けてひとつの単位とし、それを廊下から分離して配することで、単調な片側廊下形式とは違う質の学校空間を生み出したのだ。30

　この建物は『建築文化』1955年9月号に発表され、それを見た当時東京大学助教授の内田祥哉はその先駆性に驚き、『建築学大系 32 学校・体育

28

29

28　新谷中学校外観（日本建築学会蔵、松村家旧蔵）
29　廊下とロッカー室まわりの様子（新谷中学校蔵）
30　教室棟1階平面図

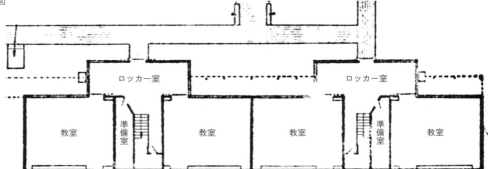

30

施設』(彰国社、1957年)に掲載するなどして、松村の名前を広く世に知らしめた。

クラスター型という考え方は、戦後の新しい教育のための空間として当時の研究者が推奨し、東京大学吉武研究室が成渓小学校(1952年)や八雲小学校(1955年)で試みたが、新谷中学校はその豊かな空間性において抜きん出ていたのだ。

その他、新谷中学校では、充実した特別教室が設けられ、学校を生涯教育の場としたいという松村の意図が実践された。31

さらに外装デザインのいっそうの進化、さまざまな機能を配した外部空間のデザインなどによって、完成度の高い学校建築となった。

江戸岡小学校特別教室棟

第2期にできた江戸岡小学校に増築された特別教室棟である。大きなガラス面と寄せ棟屋根の組み合わせが印象的な外観である。小ぶりな建物だが、松村が自らのつくり出したヴォキャブラリーを自在に使いこなし、豊かな空間をつくり出す様子が読みとれる建物だ。32

木造2階建てで、1、2階に3室ずつあり、1階は理科室と2教室、2階は音楽室と2教室である。そして音楽室と教室との間の遮音と吸音の機能を持った壁が巨大な両開き扉になっており、3室続きの大空間にもなるのである。松村自身はかぎられた条件のなかでの苦肉の策と説明しているが、特別教室に込めた彼の期待と技術的な裏付けが相まって、むしろダイナミックな空間になったともいえるだろう。33,34

1、2階をつなぐ階段室は三方ガラス張りで、音楽ホールのホワイエのような雰囲気があり、単なる動線としてではない空間としての演出が意図されている。35

また教室の大空間と大きな開口部を両立させるために、構造的にはスチールのトラスが初めて登場した。それに丸鋼ブレースを組み合わせ、木造とのハイブリッド構造が本格的に採用された。36

このような操作の結果、この建物では独特の華やかな雰囲気とスケール感が実現しており、それは松村が新たに獲得した空間の質であることがわかる。そしてこれ以降の学校建築でも、この質感が建物全体に浸透していく。

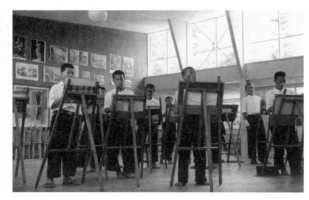

31 図画室(日本建築学会蔵、松村家旧蔵)

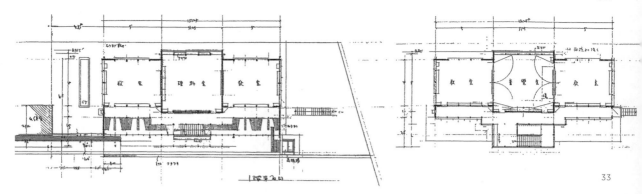

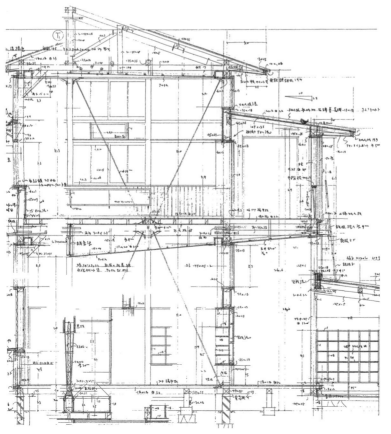

32 江戸岡小学校特別教室棟外観
（日本建築学会蔵、松村家旧蔵）
33 江戸岡小学校特別教室棟1階（左）、
2階（右）平面図（八幡浜市役所蔵）
34 音楽室から、開いた扉ごしに
教室を見る（日本建築学会蔵、
松村家旧蔵）
35 階段室全景（1994年6月撮影）
36 特別教室等の矩計図の一部
（八幡浜市役所蔵）

日土小学校

　このようなデザイン手法や建築計画的実験の結晶として生み出された傑作が、日土小学校である。そこでは、第1期・第2期を通して展開されてきた戦後の新しい教育に対する志の空間化や、戦前からの木構造の継承と発展の試みが高い完成度をもって実現した。

　これについては、第2章「日土小学校の位置づけ」でくわしく論じることにする。

コンクリート造への挑戦

　第3期において松村は、いくつかのコンクリート造の建物にも挑戦した。川上公民館、神山小学校、市立八幡浜総合病院、白浜小学校である。

　ただし、いずれも造形的には木造の作品ほどのシャープさがなく、未消化に終わった感が強い。その印象は、独立後の多くのコンクリート造の建物にも共通する。37-39

37

37　神山小学校外観（日本建築学会蔵、松村家旧蔵）
38　川上公民館外観（日本建築学会蔵、松村家旧蔵）
39　白浜小学校外観（日本建築学会蔵、松村家旧蔵）

38

市立八幡浜総合病院結核病棟増築棟

　木造による病院関連施設の最後の作品である。松村のデザインした病院建築の特徴は、最初の作品である東病棟で一気に多くのヴォキャブラリーを提示し、その後次第に単純化されていったが、この結核病棟増築棟はまさにそのことをよく表している。木造によるモダニズム建築の表現の、ひとつの極といえるであろう。40,41

40　結核病棟増築棟（日本建築学会蔵、松村家旧蔵）。
　　大きなガラス面の内部が食堂
41　松村の描いた透視図（八幡浜市役所蔵）

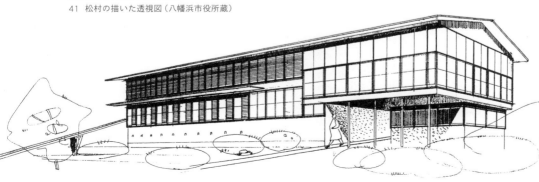

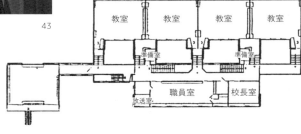

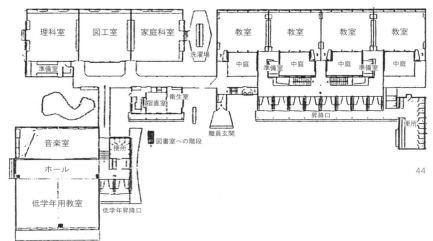

42 狩江小学校全景（狩江小学校蔵）
43 昇降口と2階への階段（狩江小学校蔵）
44 狩江小学校1階平面図（下）、2階平面図（上）
（『日経アーキテクチュア』1991年10月14日号）
45 低学年用教室と音楽室の断面図
（日本建築学会蔵、松村家旧蔵）

狩江小学校

　木造による学校建築の最後の作品である。明浜町（現在は西予市明浜町）からの依頼で松村が設計した。この時期には、松村が八幡浜市役所で担当した多くの作品は完成しており、残りはいずれもコンクリート造の八幡浜総合病院の診察棟と白浜小学校だけだった。したがって松村も、狩江小学校にそれまでの蓄積をつぎ込もうと考えたに違いない。42

　この学校では、日土小学校において高い完成度をもって具体化したクラスター型教室配置を引き続き採用している。さらにここでは、昇降口のなかに2階への階段を設け、子どもたちの動線を集中的に処理している。43,44

　そのうえでこの建物では、高学年と低学年のゾーンを分離して教室のデザインも変える高低分離の平面計画が実施された。

　1階平面図の左隅の独立した棟が1、2年生用および音楽室の建物で、専用入り口もある。内部は可動間仕切りで区切るようになっており、区切れば1、2年生の教室になり、すべて開放すれば大きな音楽ホールになるという仕掛けである。ルーバー付きの天窓もある。45

　さらに、1階左半分にある特別教室群は普通教室から切り離されており、低学年棟の入り口を使えば、独立した利用が可能である。また正面の2階にある図書室にも専用階段がある。つまり、特別教室群を地域の人たちへ開放できる平面計画とすることで、生涯教育の場としての学校を実現しようとしたのである。

　木造と鉄骨トラス等を組み合わせたハイブリッドな構造などこれまでに松村がつくり出したヴォキャブラリーも投入され、全体としてはたいへんな力作といえる。ただし、日土小学校と比べるなら、外壁のカーテンウォール化や繊細な細部デザインは消えており、造形的な面では日土小学校よりは、やや後退したといわざるをえない。

　しかし松村は、この建物で高低分離という平面計画を実験した。それは、彼が八幡浜市時代において最後まで、学校建築の新たな可能性を探り続けたことの証であろう。

八幡浜市役所時代の松村正恒に対する評価

　八幡浜市役所時代の松村の活動は、建築雑誌等のメディアによって次第に世の知るところとなっていった。

　最初は、恩師・蔵田周忠の紹介によって建築雑誌へ掲載され、第1作の愛宕中学校や松蔭小学校が『建築文化』1949年9月号に掲載された。それ以降、八代中学校（『建築文化』1950年9月号）、結核病棟（『建築文化』1953年10月号）、新谷中学校（『建築文化』1955年9月号）と、順調にその仕事は紹介された。

　そして、当時東京大学助教授であった内田祥哉が、自ら編集中であった『建築学大系32 学校・体育施設』に新谷中学校の掲載を申し入れたのはすでに述べた。

　内田はさらに日土小学校にも関心を寄せ、1958年に現地を訪れたうえで、その掲載誌『建築文化』1960年2月号等で絶賛した。

　そして、内田を介して松村の名前と作品が研究者の間にも広まり、『日本建築学会計画パンフレット』に、新谷中学校、日土小学校、神山小学校が掲載された（1960年、1964年）。

　さらに1960年には、『文藝春秋』1960年5月号の「建築家ベストテン――日本の十人」という企画において、7人の審査員のうちでもとくに生田勉、神代雄一郎、川添登に支持され、松村は前川

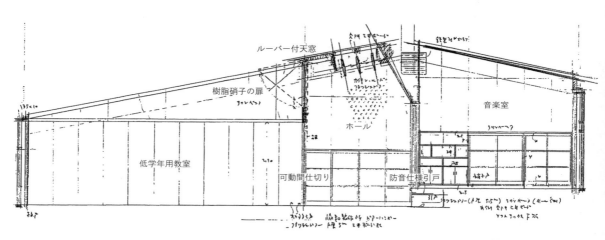

國男、丹下健三、村野藤吾、池辺陽、芦原義信、菊竹清訓、谷口吉郎、白井晟一、吉阪隆正とともに10人のひとりに選ばれたのだ。

進化し続けた13年

　以上のように松村は、八幡浜市役所における13年間の活動において、戦前的な木造建築から出発し、日土小学校を頂点とする革新的な公共建築の考案にまでいたった。またその名前も、都会での修行を終えて帰郷した無名の公務員から、日本の10人の建築家のひとりに推挙されるまでになった。

　松村のなかには、戦前の植民地や貧しい農村での経験と、幼い日の寂しい記憶が原風景として存在し、そこに戦前から蓄えた国内外の新しい建築計画的知識という武器が加わり、公共建築と弱者に対する彼の思いを反映した真に革新的な空間の発見が実現したといえるだろう。また、古い体質の市議会や教育委員会とは衝突しながらも、戦後の新しい地方都市の姿を求めた菊池清治市長との出会いも大きな支えとなった。

　さらに、彼の設計した建築が、わずか13年間の短い期間の間にそれだけの成果をあげた背後には、彼の設計が、力強く論理的な進化のプロセスを辿ったということが指摘できる。

　つまり、すでに述べたように、第1期では、学校建築における「両面採光」等のテーマを発見し、第2期では、先行した病院建築における新しい建築的ヴォキャブラリー群を発見するとともに、江戸岡小学校において「両面採光」の基本形を完成させ、第3期では、第2期までに得たヴォキャブラリーを総合しつつ、クラスター型教室配置の形式を日土小学校で完成させた。その間に、デザイン上の後退はほとんど見られないのである。

　またこれらの背後で、木構造のハイブリッド化という手法が果たした役割も忘れてはならない。戦後、多くの建築家が木造を捨ててコンクリート造に移るなか、松村は大規模な建築を木造とスチールを組み合わせたハイブリッド形式で実現した。それらは、松村以前には存在しなかった空間の質をもち、モダニズム建築のもうひとつの可能性を示したのだ。

　このように、松村正恒という建築家とその作品は、戦後間もない地方都市において、建築家と建築が、新しい生活像の実現のために大きな成果をあげたきわめて希有で貴重な事例ということができるのである。

第1部

日土小学校校舎の保存と再生

第2章

日土小学校の位置づけ

本章では、松村正恒が設計した日土小学校について
詳述し、その建築的価値の位置づけを行う。
日土小学校は2期に分けて建設された。
1956年竣工の中校舎と、1958年竣工の東校舎である。
そこで本章でも、まず全体の沿革を概観したうえで、
中校舎と東校舎それぞれの特徴をくわしく述べ、
同校が有する価値とその重要性について整理する。

日土小学校の沿革

八幡浜市中心部から北へ6kmほど入った山間部に日土地区がある。『八幡浜市誌』(1987年)によれば、日土小学校は1875(明治3)年に日土地区の新堂に開設された啓蒙学校を起源とする。その後、近隣の学校との合併や改称などをくり返し、1909年に日土尋常小学校となって、1910年4月、現在の地に校舎が新築された。

1976(昭和51)年の百周年記念事業に合わせて刊行された『開校百周年記念誌 ひづち』(日土小学校開校百周年記念事業実行委員会)には、旧校舎の写真があり、「33間の校舎」と呼ばれたことが記録されている。[1,2]

当時の校舎は、現在と同様に喜木川沿いに建っているが、川からは少し距離をおき、何本かの樹木が見える。1937年7月には講堂が敷地西端に建設され、さらに1949年12月には日土中学校が敷地の東側にできて、運動場がコの字型に囲まれた。

そして、1955年3月に西校舎(松村の担当ではない)が講堂の東隣に建てられた後、中央の旧校舎を解体し、まず1956年5月に中校舎(職員室、特別教室、普通教室)が、次いで1958年10月に東校舎(普通教室棟)が、松村正恒の設計によって落成した。いずれも木造2階建て、スレート瓦葺きの切妻屋根が載り、外壁はラスモルタル・白セメント吹き付け仕上げだ。[3]

その後1965年4月に、敷地の東側にあった日

1　1910年4月の落成記念の式
(『開校百周年記念誌 ひづち』に掲載された写真の原板、八幡浜市教育委員会蔵)
2　旧校舎の全貌。写真手前が南。喜木川が敷地南端を東から西へ流れている。左端が講堂。右端は1949年12月にできた日土中学校
(『開校百周年記念誌 ひづち』から)
3　竣工直後の運動場からの全景
(日本建築学会蔵、松村家旧蔵)。左が東校舎、右が中校舎
4　奥が西校舎。手前で中校舎の基礎工事が始まっている
(日土小学校蔵)
5　航空写真。プールがわかる
(1975年11月26日撮影、日土小学校蔵)
6　左から講堂、西校舎、中校舎、東校舎、プール(日土小学校蔵)
7　運動場側からの遠景
(日土小学校蔵)

土中学校が青石中学校に統合され、その跡地に1967年9月、プールが落成した。4-7

さらに1996年には、西校舎の北側3分の2と講堂全部を解体して新しい体育館が建設された。

中校舎と東校舎とを合わせた日土小学校は、八幡浜市役所時代における松村作品のなかの最高峰といえ、竣工直後から高い評価を得た。そして1999（平成11）年にDOCOMOMO Japan 20選のひとつにも選ばれるなど再評価されたことをきっかけに保存再生運動が起こり、残っていた西校舎の一部を解体してそこに新西校舎を建設するとともに、中校舎と東校舎の全面的な保存・改修工事が開始され、2009年6月末に完了したのである。

中校舎の建築について

松村による日土小学校の建て替えは、中校舎と呼ばれる建物の建設から始まった。八幡浜市の工事台帳では1956年4月30日の竣工、『八幡浜市誌』では5月の落成とある。同年の児童数は584人であり、かなりの規模の学校だった。

普通教室は旧来の校舎と前年に増築された西校舎でまかない、まずは管理・特別教室ゾーンからつくられたというわけだ。8-10

1階の構成

1階には、職員室・校長室・衛生室・宿直室(和室)・工作室等があり、廊下を挟んで運動場側には、昇降口・更衣室・教員用玄関・放送室・便所・購買等がまとめられている。2階には音楽室と普通教室が2教室あり、運動場側が廊下だ。1、2階を結ぶダストシュートもあった。

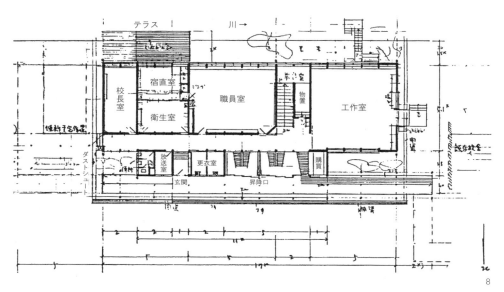

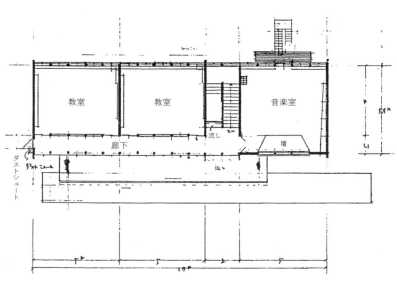

8 中校舎1階平面図
(八幡浜市役所蔵)
9 中校舎2階平面図
(八幡浜市役所蔵)
10 中校舎南面
(2003年3月21日撮影)
11 昇降口前のキャノピー
(2006年8月24日撮影)
12 1階廊下。右側が職員室
(2006年8月24日撮影)
13 職員室の連続写真
(2006年8月6日撮影)。
左が川側

10

11

12

内外装の基本的なヴォキャブラリーは、江戸岡小学校以来のものに準じている。内装の基本は、竪羽目の板張りにペンキ塗り、個々の部屋は、腰から上はラワンベニア板にクリアラッカー塗りである。天井は、一般部がテックスに水性ペイント塗り、校長室の天井には銀揉み紙が貼られている。

昇降口前にはスチールパイプと波板による軽快なキャノピーがあり、心地よい休憩スペースをつくるとともに、外観のアクセントにもなっている。昇降口を入った廊下は、両側の壁の上部が窓になっており、両面採光の原則が守られている。11,12

職員室の内部は、天井がV型に折れている。これは、日土小学校では木造に鉄骨トラスと鉄筋ブレースを加えたハイブリッドな構造が全面的に採用され、階段室以外の2階中央床下に入っている鉄骨のトラス梁を隠しているためである。

内壁は、基本的には江戸岡小学校等と同じ考え方であり、廊下側は3分割されて、上段が採光用の引き違いガラス窓、中段が棚、下段が換気用の引き違い戸になっている。外部側は、腰が収納棚、開口部分は、上段は型ガラスの引き違い窓、中段にホッパー窓、下段は透明ガラスの引き違い窓であり、これもそれまでの松村建築の定番といえる。なお下の写真でもわかるように、この建物では柱付きの耐震壁をできるだけなくし、丸鋼ブレースで水平力を処理している。13

1階の西端は工作室だったが、その後、家庭科室になった。天井にはアングルを組み合わせた30尺スパンのトラス梁があらわしになっている。途中の4ヵ所で、両側からの木造の梁を受け、西端部は柱を合わせ柱にする等の工夫がある。14-16

13

14

15

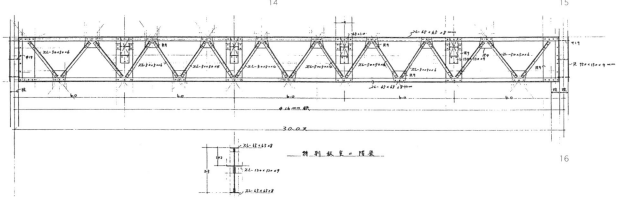

16

階段

 1、2階を結ぶ階段は緩やかで、階段を上がったところには手洗い器が設けられている。踊り場の部分は、川側の外壁で唯一の「壁」的部分で、木造の筋交いが組まれているが、壁の上部は開口とし筋交いの一部を見せている。

 階段上部には音楽室からはいるガラス張りの小部屋があり、階段室の空間のダイナミックなアクセントになっている。手摺代わりにもなる手洗い器は、階段室に必ず何らかの仕掛けをしてきた松村の面目躍如たるものがある。17,18

17

18

14, 15　1階工作室。ここは鉄骨梁があらわしになっている（すべて2004年8月6日撮影）
16　鉄骨梁詳細（八幡浜市役所蔵）
17　ゆったりした階段（2004年8月6日撮影）
18　階段の手洗い器と音楽室から入る小部屋（2004年8月6日撮影）
19　2階廊下。教室への両面採光のため天井が低く押さえられた（2004年8月6日撮影）
20　2階音楽室（2004年8月6日撮影）

2階の構成

　2階廊下は江戸岡小学校と同様、教室への両面採光のために天井が低く抑えられている。運動場側が引き違い戸というのも江戸岡小学校と同じだが、建具が柱に外付けされているので、外観は水平方向の連続感が強調されている。

　西端には音楽室がある。天井を折り上げ、家具を斜めにし、フラッターエコーを防ぐ工夫がある。
19, 20

19

20

川側の外部階段とテラス

　音楽室には川側へ降りる鉄骨のバルコニーと外部階段がある。アングルで骨格が、鉄筋で踏面がつくられており、透明感に溢れたディテールである。また設計図では、宿直室の前には木製デッキが描かれている。後にコンクリートスラブに変更されたが、次に示す蔵田周忠夫妻訪問時の写真（1956年）などから、当初は木製デッキをスチールの部材で支えていたことが確認できる。21-25

21　竣工時のテラスの写真
（一部拡大、日本建築学会蔵、松村家旧蔵）
22,23　音楽室から降りる鉄骨外部階段（2003年3月21日撮影）
24　宿直室前のテラス（2003年3月21日撮影）
25　蔵田周忠夫妻の日土小学校訪問時の写真
（1956年、日本建築学会蔵、松村家旧蔵）

断面構成

　中校舎の断面構成は、下の矩計図で明らかなように、両面採光を確保した江戸岡小学校の教室棟を基本とし、川側の外装としては、新谷中学校で採用した方式、つまり、波板の中間庇を止めてホッパー窓とルーバー式中間庇を組み合わせたものに変えた構成が採用されている。ただし、1階のルーバー式中間庇はなくして1階天井レベルの波板の庇の出を増やしている。また、江戸岡小学校の昇降口のように大梁の架構によって柱を消すことまでは行われていない。

　1階は、運動場側にまとめられた昇降口・更衣室・教員用玄関・放送室・便所・購買の部分の高さを抑え、2階床との隙間にできるトップサイドライトから廊下経由で職員室への採光を確保し、2階でも、運動場側の廊下を低く抑えて教室への上方からの採光を確保している。

　中校舎は、この断面構成のうえに、新谷中学校で採用した意匠上の工夫が投入されている。それは、外装建具の柱への外付け方式である。このことによって、開口部が連続し、水平性の強調された外観となった。26,27

26　中校舎の矩計図
（原図に部屋名を追記、八幡浜市役所蔵）
27　中校舎の川側外観（2005年12月9日撮影）。ルーバー式中間庇、ホッパー窓がわかる

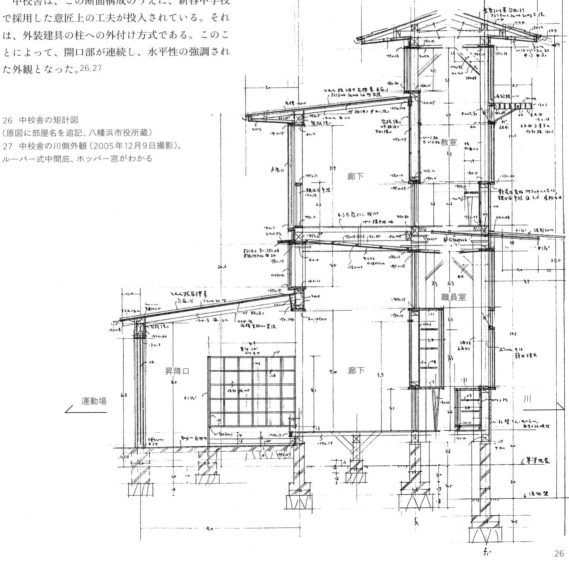

東校舎の建築について

　東校舎は、八幡浜市の工事台帳によれば、中校舎の落成から2年2ヵ月後の1958（昭和33）年10月15日に竣工した。6つの普通教室、図書室、便所等からなっている。

　中校舎の完成以降、松村は多くの仕事をこなしているが、そのなかでおもなものは、結核病棟の増築と神山小学校であろう。しかし、それらが東校舎の設計に直接的な影響を与えているとはいいがたい。むしろ新谷中学校で具体化し、高い評価を得たクラスター型の教室配置のさらなる展開を、松村が考え抜いた成果というべきだろう。28,29

　東校舎が江戸岡小学校や新谷中学校から大きく変化したのは以下の点であり、平面図と矩計図に明快に反映されている。30-33

- クラスター型教室配置を構成する廊下が1、2階ともに内部化された。
- 2階では、廊下の床レベルを教室よりも低くし、前室の階段経由で教室に入るようになった。
- 川側の外装は新谷中学校に準じているが、柱から切り離し、カーテンウォール形式となった。
- 川側の外壁には耐震壁はなく、各教室に1スパンずつ丸鋼ブレースを入れて対応した。
- 1、2階とも桁行方向に鉄骨トラス梁がはいり、小屋組が木造トラスではなく登り梁となった。

　次に、この変化が生み出した空間を分析していく。

28

29

28　竣工当時の南面（日本建築学会蔵、松村家旧蔵）
29　川側全景（日本建築学会蔵、松村家旧蔵）
30　東校舎1階平面図（原図に部屋名を追記、八幡浜市役所蔵）
図の下側が川で、方位は南。
31　東校舎2階平面図（原図に部屋名を追記、八幡浜市役所蔵）
32　日土小学校東校舎矩計図
（前室部分の位置での断面、八幡浜市役所蔵）
33　日土小学校東校舎矩計図
（中庭部分の位置での断面、八幡浜市役所蔵）

047

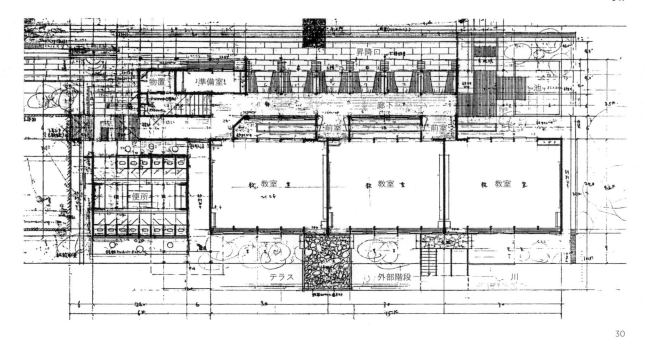

30

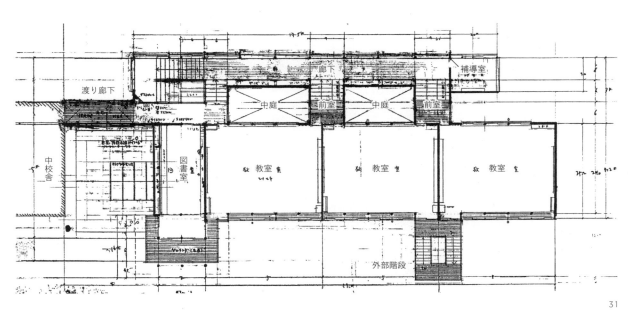

31

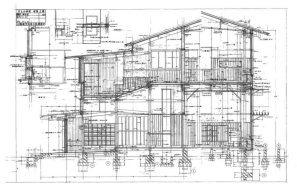

32

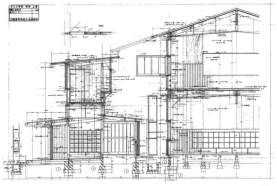

33

進化したクラスター型教室配置

東校舎の建築的な最大の特徴は、内部空間化されたクラスター型教室配置が完成したことである。

教室を廊下から切り離して隙間を中庭とし、2教室ずつをまとめて枝状の渡り廊下でつなぐ。当然のことながら、教室の両側の壁が外気に面することになり、両面採光にとっても有利になる。そこまでは、松村の設計した新谷中学校（1955年）や、東京大学吉武研究室による成蹊小学校（1952年）、八雲小学校（1955年）においても実現していた。しかし、いずれも各クラスターをつなぐ空間は吹きさらしの廊下であった。松村は東校舎において、この連結空間を完全に内部空間にしたのである。そのことにより、学校建築としての完成度は一気に高まった。

仕掛けに満ちた「枝」

東校舎の教室のクラスターをつくる「枝」としての昇降口、通路、前室は、内部空間化されるとともに、じつに細やかに設計された。34-37の写真は1階の前室、昇降口、廊下、中庭まわりを撮ったものであるが、「透明感」と比喩的に呼ぶことのできる気配に満ちた空間である。その特質を生み出す要因として、次のような点を指摘することができるだろう。

- 昇降口の庇の高さが抑えられ、その上部のトップサイドライトを通した採光と視線の抜けが確保されている。
- 下駄箱の中仕切りが低くしてあり、文字どおり「透明な」下駄箱越しに遠くが透けて見える。
- 柱・梁・水平ブレースなど多くの構造体があらわしになっており、建築の構成が読み取りやすくなっている。

34

35

36

37

34　1階昇降口から前室まわり（2003年3月21日撮影）
35　竣工直後の1階昇降口（日本建築学会蔵、松村家旧蔵）
36　向こうが見える下駄箱（2006年8月24日撮影）
37　繊細なデザインの花台（2006年8月24日撮影）
38　竣工当時の2階廊下（日本建築学会蔵、松村家旧蔵）
39　2階廊下（2006年8月24日撮影）
40　教室と廊下との柱割りの関係
41　2階教室への前室。正面が、引き戸、壁、引き戸に3分割されている

- 前室の中庭側にある縦長窓から、中庭や2階が見えるだけでなく、隣の前室の縦長窓越しに、さらに遠くまで視線が抜ける。
- 前室には花台があるが、三角形の天板やテーパーを取った脚などが繊細にデザインされ、柱や梁の面取りや柔らかな色彩（淡い鶯色が基調色であったと思われる）と相まって、空間全体のスケール感と質感が抽象的・観念的になりすぎるのを防いでいる。34-37

　2階の廊下にもさまざまな仕掛けがある。中庭側は腰から上の外壁を柱芯から1.5尺ほど中庭側にせり出し、ベンチにもなる飾り棚や掲示板を生み出すとともに、上下の窓からの採光と通風を確保している。運動場側は建具を柱に外付けにして水平性と透明感の強い外観とし、中校舎の細かく縦長に割り付けられた立面との対比を生み出している。廊下を単なる動線に終わらせることなく、教師と子どもたちのさまざまな使い方を誘発する仕掛けに満ちた空間にしているといえる。38,39

　2階の教室は廊下より2.4尺高くなっており、教室の手前にある前室内の階段で、床のレベル差を調整している。また、廊下の棚の延長のような飾り台もある。中庭に面した窓からは、1階の様子や隣の前室の様子等がわかり、視覚的な連続感がある。

　さらにこの前室は、構造計画的にも有効に使用されている。各教室の大きさは、梁間4間（＝24尺）・桁行5間（＝30尺）であり、桁行方向には1間（＝6尺）スパンで柱が立つ。その教室が1、2階に3つずつ並ぶ。それらを、2階では教室群から12尺離れた位置に6尺幅の廊下がつなぎ、1階ではその6尺幅の部分が昇降口になり、さらに6尺幅の下屋を教室寄りに広げてそれを廊下としている。したがって、中庭は1階では6尺幅となるが2階は12尺が維持される。

　そして前室は、奥行きが1階では中庭と同じ6尺、2階では12尺であり、幅は9尺である。この前室の9尺幅を3等分し、引き戸・壁・引き戸に分けることで、廊下および昇降口側の9尺ピッチの柱割りと、教室ゾーンの1間（＝6尺）ピッチの柱割りとのずれが、前室部分で巧みに吸収されているのである。40,41

38

39

40

41

ハイブリッドな構造と教室の進化の連動

クラスター型教室配置の「枝」が内部空間化され、さまざまな仕掛けがつくり込まれると同時に、東校舎では「房」、すなわち教室のデザインも大きく進化した。

教室の内装の仕上げ材料自体は、新谷中学校までの路線を概ね引き継いでいる。板張りの床、壁は腰の部分（床から4.6尺）が竪羽目板張りでペンキ塗り、そこから上は「ベニア板オイルステイン塗り」とある。これまでと多少変わった点があるとすれば、天井がテックスではなく「プラスターボード水性ペイント塗り」と表記されていることである。中庭側の壁面は3分割されており、中央が掲示板、上下がガラス引き戸になっていることも従来と同じである。流し、ランドセル入れの棚も同様だ。教室と廊下が切り離され、廊下側が明るくなったのも当然のことであり、新谷中学校で確認されていたことといえる。

最も大きく変わったのは、南面の外壁、すなわち川側の外壁の位置づけである。

東校舎において松村は、矩計図や写真で明らかなように、新谷中学校に準じた外壁から袖壁をなくし、しかもすべて柱列から1.2尺だけ外へ出して柱から切り離し、一種のカーテンウォール状態を実現した。したがって外壁は構造要素ではなく、いずれの柱にも桁行方向の耐震壁がない状態になった。

そのかわりに、各教室の中央のスパンに1ヵ所ずつ丸鋼ブレースが入れられた。直径16mmの丸鋼が柱を貫通し、端部はオリジナルの傾斜座金で固定されている。現況調査によって、当時の構造規準は十分に満たしたものであると判断されている。[42]

桁行方向の中央の部分は1、2階ともに鉄骨のトラス梁とし、そこに木造の登り梁や水平梁を架け、屋根面と2階床面は丸鋼の水平ブレースで固め、全体として家型断面のモノコックな構造ともいえる状態を実現している。

構造から解放されることで川側の壁面は、高さ1.5尺の低い腰壁以外、天井から床まで、そして教室前後の壁の間すべてがガラス面になった。そのことによって十分な明るさを確保した後、直射日光の眩しさなどを防ぐために、川側の外装サッシまわりには、新谷中学校等と同様の庇や木製ルーバーを取りつけ、1階はルーバーのつく無目から上の引き違い窓を型ガラスにしている。[43]

2階はルーバーがないため、無目から上だけで

なく、無目より下の引き違い窓の上半分も型ガラスとしている。さらに2階の室内側には、無目に日除けスクリーンが吊されている。このスクリーンは、当時の外観写真でしばしば市松模様風に写っているものである。日土小学校が掲載された『建築文化』1960年2月号の外観写真のキャプションにも、「2階の窓には日除けにビニール製ブラインドを吊す」と書かれている。当時の様子を伝える写真45からも、無目にフックで吊られていることがわかる。当然のことながら、連続して吊らないかぎり効果は小さいと思われるので、市松模様に見える演出をねらったのか、松村の真意は不明である。なお松村は「ブラインド」と書いているが、写真を拡大すると今のようなスラット式のものとは思えず、「すだれ」のようなものではないかと想像される。44,45

また、柱と外壁の間にできた隙間には、窓の腰に合わせた連続する低いベンチ状のものと手摺がしつらえてあり、窓際の腰掛け、あるいは飾り棚として利用できるとともに、空間のスケール感を小学生に合わせることに成功している。こちらは1階だが、前掲の教室の写真42を見るかぎり、おそらく旧校舎時代のものと思われるふたり用の机や椅子とも違和感がないのは、このスケール感の良さによるだろう。窓からは、空や山の緑や川面が見え、そこからもたらされる風や光の影響を外装部分で適度にコントロールすることによって、建築という人工物と自然との優れた関係が生み出されている。

このように、木造と鉄筋あるいは鉄骨を組み合わせたハイブリッドな構造を採用することによって、松村は、教室の開口部の役割を、外部と内部との関係を調整する装置へと進化させ、クラスター型教室配置の学校空間の質を一気に向上させたのである。

42 1階の教室から川を望む
(『建築文化』1960年2月号)。1階は無目から上が型ガラスであることがわかる
43 川側外観（2005年12月9日撮影）。
ルーバーと庇がわかる
44 川側の外観（日本建築学会蔵、松村家旧蔵）。
ブラインドが市松模様をつくり出している
45 2階教室の内観（日本建築学会蔵、松村家旧蔵）。
中間部の白く見える部分が「ブラインド」。
無目から室内側にフックで吊されている

43

44

45

46

47

含め、階段というより、まさに1、2階を一体化し、「階」の存在を消す装置といえるだろう。子どもたちの行動を観察すれば、この階段は単に通過する場所ではなく、居場所のひとつになっていることがよくわかる。さまざまな工夫がなされてきた松村の階段のなかでも、最も優れたものである。
46, 47

川と一体になった図書室

　図書室は東校舎の西端、中校舎と東校舎全体の中心的な位置にある。南北および西の壁面はブナ縁甲板張り、竿縁はなぐり仕上げで、いずれも表面が焼いてある。書架のある東の壁面はベニア板張りで、輪切りにした竹を取りつけ星座をかたどってある。天井には校長室と同じ銀揉み紙が貼られ、川からの照り返しを受けると美しく光る。

　東側の壁の書架は、直径13mmの丸鋼のフレームと杉の棚板によるシンプルなデザインだ。西側の壁面は上下が窓で、書棚やベンチが備えつけられている。上の窓には障子もある。机と椅子の設計図も残っており、松村のデザインだ。

　全体として、伝統的な和洋の意匠と近代的なセンスが混在する不思議な空間である。

　また図書室には外部テラスがある。傾斜した丸柱に支えられ深い軒に覆われたこの空間は、日土小学校の白眉ともいえるものであり、川と一体になった学習環境への松村の思いが凝縮されている。

　テラスの屋根の一部にトップライトを設け、図書室との境のガラススクリーンの一部に色ガラスを入れるなど、細かな配慮を行っている。48, 49

　図書室の下のピロティ部分は、垂直な柱と傾斜した独立柱が3本ずつ並び、垂直な柱間には丸鋼のブレースが張られ、緊張感のある空間になっている。50, 51

居場所としての階段

　東校舎の西端には、1、2階を結ぶ階段がある。勾配がゆったりとしていることは従来の松村のデザインと同じだが、中校舎を含む多くの学校では階段は基本的に教室の横に、すなわち廊下とは垂直に配されていたが、ここでは廊下の軸線上におかれ、1、2階をきわめて連続的に結んでいる。また外壁面も多く、連続するガラス窓に包まれ、たいへんに明るい空間になっている。

　中校舎への廊下とのレベル差を解消する部分も

48

49

50

51

46　1階の昇降口からの空間と2階の廊下とが一体化している（2012年9月28日撮影）
47　階段は子どもたちの居場所でもある（1994年6月撮影）
48　図書室の入口側を見る（日本建築学会蔵、松村家旧蔵）
49　図書室の川側を見る（日本建築学会蔵、松村家旧蔵）
50　竣工当初の川側から見た図書室のテラス（日本建築学会蔵、松村家旧蔵）。
51　図書室のテラス。手摺上部は後に付加されたもの（2006年8月25日撮影）

外部階段とテラス

　東校舎の川側には、コンクリート造のテラスと鉄骨造の外部階段がある。いずれも中校舎のテラスや外部階段と同様、特別な機能があるわけではない。しかしそれらによって川との親和性が高まり、子どもたちや教師にとって、教室とは異なる意味をもった居場所が提供されたといえる。52-54

52　テラスに集まって楽しそうにすごす子どもたち
（日本建築学会蔵、松村家旧蔵）。
『建築文化』1960年2月号にも掲載された
53　テラスに立ち遠くを見つめる児童（『建築文化』1960年2月号）
54　屋外階段（2006年8月25日撮影）
55　東校舎と中校舎をつなぐ渡り廊下の1階部分（2004年8月6日撮影）
56　渡り廊下から便所方向を見る（1997年8月撮影）。
左右の白い壁状のものは開かれた防火扉
57　渡り廊下部分の矩計図（八幡浜市役所蔵）

技術の手工業化

　東校舎と中校舎をつなぐために渡り廊下がつくられた。1階は吹きさらしで2階は内部化されている。東校舎側の工事であるが、運動場側の立面は中校舎の廊下の建具が延長され、逆に東校舎を際立たせている。

　この部分の構造は、スチールのアングルによる華奢なフレームで、松村の技術に対する思想を象徴するようなところがあり、興味深い。55-57

　ふたつの校舎間は3間離れている。それを3スパンに分け、柱が両側合わせて4本立っている。柱といっても、65×65×6mmのアングルだ。それが2階の屋根まで貫通し、頂部は50×50×4mmのアングルでつながれている。2階の廊下部分の床は、柱に溶接された75×75×6mmのアングルの上に60×75mmの根太が敷かれ、その上に縁甲板が張られている。基本的に、垂直荷重のみを想定しているのだろうが、それにしても華奢な架構である。江戸岡小学校の渡り廊下からの展開だろうと思われる。

　1階のピロティ部分の上部には、雨除けとして、傾斜したガラスの壁が設けてある。その枠を受けるのは、4つの柱に取り付けられた三角形のプレート（6mm厚）のみという軽快さだ。

　2階廊下部分の外壁は、アングルの柱に木枠を外付けし、そこに中校舎の廊下とまったく同じ建具が入っている。江戸岡小学校の渡り廊下に似た構成だ。

　また、運動場に向かっては、建物沿いに連続する庇がピロティ部分まで食い込んでくる。骨組みはすべて直径60.5mmのスチールパイプを溶接して組んだもので、造形的なバランスやスケール感が素晴らしい。これが渡り廊下の細い柱を構造的に補強してもいる。

　以上のように渡り廊下の部分は、極限的に細いスチール部材を組み合わせて一種の工芸作品といってもよいようなつくられ方をした空間である。松村は結局、日土小学校のあらゆる部分をそのような思想で設計したのだ。

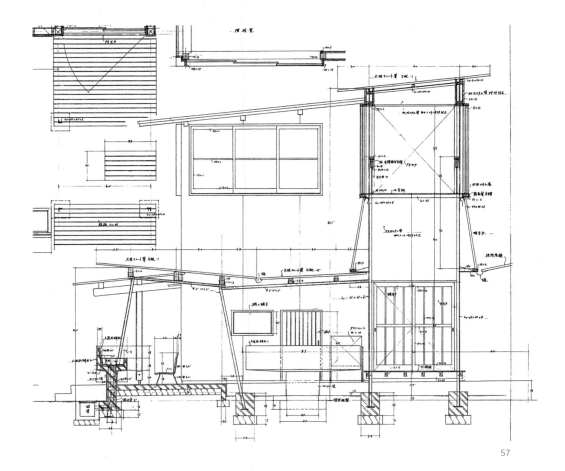

日土小学校のメディア
への登場

日土小学校は、『建築文化』1960年2月号で大きく紹介され、松村自身の言葉と、内田祥哉の賛辞が掲載された。[58]

松村自身による評

『建築文化』1960年2月号で松村は、「1年間使っての教師側の苦情」を以下に示す7項目にまとめている。

1　教室で、生徒用には背面の整理棚で十分だが、教師のための戸棚が不十分のようである、掃除用具入れも……。
2　図書室が狭く西に面していること、本棚の高さも生徒の手のとどく範囲にとどめること。
3　谷間の敷地のせいで、予想以上に照度不足、中庭の幅が十分でないのと相まって、1階の教室は多少陰気であり、とくに雨の日は暗く、晴天でも南北で照度が平均しない。これらの欠点が少ない2階は、きわめて爽快である。
4　夏は暑いと訴えている。机の高さから上を風が通らないと涼しさを感じないらしい。
5　黒板は光らないし、色彩計画は好評のようである。
6　昇降口は混雑していない。
7　中庭のあることは、不十分ながらも良い結果をもたらしているようだが、廊下の利用法は、わたくしの考えていたようには活用していない。
（p.37）

徹底的に具体的な使い勝手に話題を限定した松村独特の語り口である。

クラスター型の教室配置についても、教育効果からの言及ではなく、もっぱらそれによって生まれた中庭による採光と通風の効果だけにふれている（3、4、7）。1、2、6は、松村の関心が単に美学的なものではなく建築計画的な内容にあることを示している。5は曲面黒板とパステルカラーのことだろう。東校舎の設計図のなかには、曲面黒板の図面もある。色彩については、建物全体の床・壁等から教室や廊下のつくり付けの家具まで、さまざまなパステルカラーが用いられている。こういった新しい意匠が、当時の地方の教育空間に素直に浸透している様子は興味深い。

「わたくしの考えていたようには活用していな

[58] 『建築文化』1960年2月号
（pp.35-39）

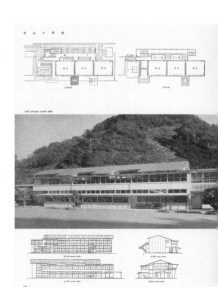

い廊下」(7)とは、東校舎2階の廊下のことだろうか。「わたくしの考え」がどのようなものであったのかは示されてないが、棚や掲示板やベンチといった仕掛けによって、松村は、子どもたちや教師の新たな行為を誘発したいと考えていただろうし、そのことへの期待の大きさが感じられる項目である。

しかしもちろん、日土小学校を設計するにあたり、このような細かい事柄だけに松村の関心が向いていたはずはない。むしろこういった問題点以外のことについては相応の自信があったはずであり、上記の7項目の紹介はその裏返しだったのではないだろうか。自注の冒頭には、以下のような詩的な文章がある。

　山のせまった谷あいに、せまい敷地を求めて学校が建っていた。拡げようもない。改築を機に、大木を倒して河に近づけた。惜しかったけど。静かな流れである。テラスに桜の花が散り、糸をたれると魚がはねる。

　5月の薫風にのって、ミカンの花の香りが教室にただよう。蛍の乱舞する夏の夜、柿の色、ミカンの朱、落葉の沈む冬の河。いつ訪ねても、あきることのない清くすんだ環境である。

「教師側の苦情」の列挙とは対照的な語り口だ。ここで松村は、日土小学校が置かれている周辺環境のことを書いているようでいて、じつは彼の設計した日土小学校が存在してこそ獲得できる自然との関係が描かれている。すなわち、環境と建築とがこのような関係をつくり出すことこそが上記の「7項目」とは別の彼の本来の設計目標であり、それは「いつ訪ねても、あきることのない清くすんだ環境」という言葉に集約されていると考えられる。

内田祥哉による評

『建築文化』1960年2月号には、内田祥哉による「日土小学校を見て」という文章も掲載されている。内田は、建築の研究者として新谷中学校を高く評価した最初の人物であり、1958（昭和33）年10月29日に日土小学校を訪れている。東校舎が完成した直後である。そのときの実体験にもとづいた文章なのだ。

内田はこの文章において、日土小学校をきわめて高く評価している。それは、冒頭の以下の言葉に象徴的だ。

　かつて、「学校は、物を教え込む所」と考えられていた時は、生徒は訓練されるのであり、校舎は、訓練所と区別がなかった。訓練は月々火水木金々という言葉を生んだが、そこに忘れられていた日と土を校名とするこの学校の校舎は、訓練所とは正反対の雰囲気を持っている。

内田一流のユーモアのなかに、日土小学校の特

徴が見事に表現されている。「訓練所」が子どもに対する教師からの権力の行使のための空間だとすれば、日土小学校はその「正反対」、すなわち子どもを中心に据えて考えられた空間だと内田は感じたに違いない。さらに彼は、日土小学校の具体的な空間構成を、以下のような比喩的表現によって描いている。

　運動場に面した校舎の壁は、凹凸のはっきりした面で構成され、その所々には子供達の目を楽しませる色がある。そして凹凸のかげには子供達をだき入れるふところがある。われわれがこのふところに入った時に、自分達が大人であることに気づくのはこの建物が、もっと幼い人達を相手に作られているためなのであろう。もちろん、手摺の高さ、階段の勾配、机、椅子の大いさ（原文ママ）等からならどんな小学校でもそんな感じはある。だが、大きな空間の下の部分だけを子供達に与えたという感じとはちがって、大きな空間全体を子供達に与えきっていてわれわれを子供の国にまねかれた大人に仕立ててしまう。ふところを造る壁面の凹凸は、いわゆるクラスタータイプの教室配置でできる廊下の部分である。

「凹凸のかげ」とは2ヵ所の中庭、「ふところ」とは教室へはいる手前の前室のことだろうか。たしかに運動場側から眺めると、中庭部分ではさらにその奥の教室の外壁が透けて見え、建物のなかにさらに建物があるかのような不思議な透明感が感じられる。そして実際にその内部に入っていくと、見事な平面・断面計画によって、じつに心地よい空間体験が待っている。「大きな空間全体を子供達に与えきっていて」とは、そのことを的確にとらえた描写であるといえるだろう。

内田はさらに、松村が設計した新谷中学校にふれ、それがわが国におけるクラスター型の学校建築として先駆的存在であったことを指摘する。さらに、松村が設計した八代中学や神山小学校にも言及し、それらの成果のうえに日土小学校が成立したと分析している。

また内田は、そういった一連の学校建築が発展させたものは、「単にクラスターという形式的要素」や「Detailの面でもあるいは材料の面」だけではなく、「それにも増して見のがすことのできないのは作者の学校建築に対する設計態度であろう」と指摘している。

そして、松村の言葉をいくつかとり上げたあと、「『国民はひとしくその能力に応ずる教育をうける機会を与えられなければならない』という教育基本法の精神はそのまま建築家としての作者の言葉につながるものである」と絶賛している。

つまり内田は、日土小学校および松村正恒という建築家について、具体的な空間計画から設計思想あるいは設計態度にまでに至るすべてを、きわめて高く評価したのである。[59]

完成形としての
日土小学校

　日土小学校の中校舎と東校舎は、ともに考え抜かれた建築であるといえる。それらが成し遂げたことは、しかし決して突如生まれたものではなく、それまでの作品に加えられた以下のような変形操作によって成立していることをあらためて指摘しておきたい。

• 中校舎　江戸岡小学校の両面採光形式の断面に、川側の外装は新谷中学校の方式を取り入れた。60
• 東校舎　新谷中学校のクラスター型教室配置を発展させた平面形式としたうえで、川側の外装は新谷中学校の方式をカーテンウォールとして取り付け、さらに丸鋼ブレースや鉄骨トラスを導入して構造のハイブリッド化をいっそう進めた。さらに、両校舎の間の時期に設計した江戸岡小学校特別教室棟や結核病棟増築工事のもつ華やかな空間性が加わり、とくに階段や図書室にはそれが反映されている。61

　つまり日土小学校は、それまでに松村が達成したさまざまなエレメントをさらに昇華させたものであり、彼のデザインの進化過程における完成形といえるのである。

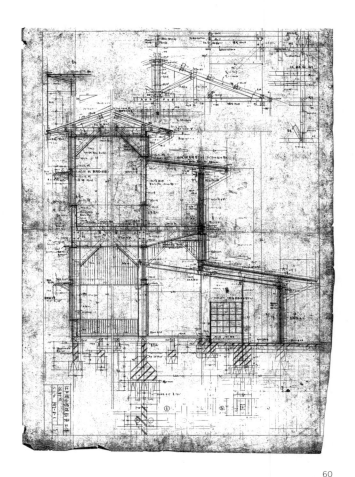

60

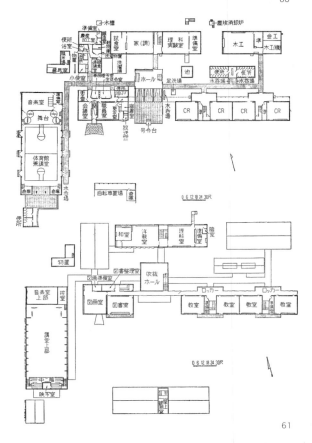

61

59　内田祥哉が日土小学校を訪問したときの写真
（1958年10月29日、日本建築学会蔵、松村家旧蔵）
60　両面採光形式がとり入れられた
江戸岡小学校教室棟の矩計図
61　新谷中学校の平面図。上：1階、下：2階。
『建築学大系32 学校・体育施設』（彰国社、1957年）より

日土小学校がもつ価値

63

これまで述べてきたことをもとに、日土小学校の建築的特徴を整理すると以下のようになる。

〈1〉クラスター型教室配置の先駆的事例
〈2〉教室への両面採光という考え方の完成形
〈3〉合理的でハイブリッドな構造計画
〈4〉優れた空間性
〈5〉木造によるモダニズム建築の希有な残存事例

64

〈1〉〈2〉については、当時、東京大学吉武研究室で設計されたクラスター型教室配置の学校である成蹊小学校（1952年）や八雲小学校（1955年）と比較すれば、その先駆性は明らかである。

成蹊小学校は7教室の木造平屋の校舎である。教室は、4.5×4.5間の正方形で、それぞれの前に1.5×2.0間の前室があり、渡り廊下につながっている。62-65

これは廊下から各教室が枝分かれしていくプランであり、まさにクラスター型教室配置の初期的なものといえる。ただし、廊下は吹きさらしであり、クラスター型の構想が平面図上の形式として表現された段階であると考えるべきだ。

65

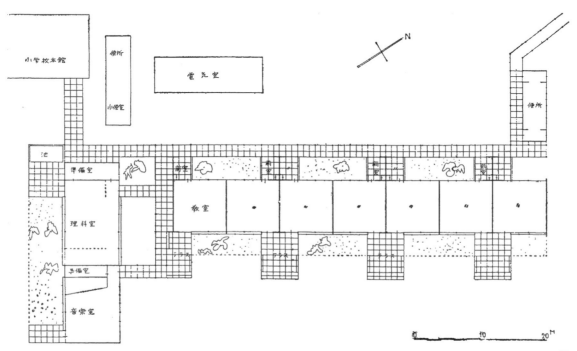

62

67

68

　八雲小学校は、文部省のモデルスクールとして設計された鉄骨造2階建ての学校で、鉄骨校舎の規格の標準化をめざした試作的なものである。

　クラスター型教室配置で、通路部分に便所を、階段室に手洗いを設け、さらに通路が内部的な空間になるように壁や屋根を設置する等、成蹊小学校からの展開がある。しかし、まだ実験の域を出ない空間といえよう。66-68

　成蹊小学校と八雲中学校は、建築計画あるいは構法計画等の研究にもとづいた、当時としては貴重な成果といえるだろう。しかしそれらは、空間的な豊かさや居住性などに関していえば、この両校舎の竣工のちょうど中間の時期に完成した新谷中学校に比べてもまだ十分ではない。まして廊下部分が内部化され、図式を超えた空間性をもつ日土小学校の優位性は明らかである。また、成蹊小学校や八雲小学校などが解体されてしまった現在、戦後の建築計画思想を記録するうえでも、日土小学校の存在はきわめて貴重である。

　〈3〉については、個々の作品分析のなかでも述べたように、八幡浜市役所時代の松村の木造建築においては、作品に応じて洋風トラスや登り梁など形式の違うさまざまな木造の小屋組が工夫され、接合部にネイルプレートなどの金物が多く用いられた。さらに鉄骨トラスによって大スパンを確保し、丸鋼ブレースを壁、床、屋根面において適宜用いて水平力を処理し、屋根面のモノコック化と

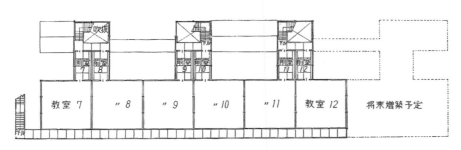

2階平面図

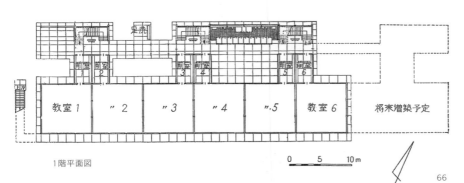

1階平面図　　　0　5　10m

62　成蹊小学校平面図
63　全景
64　吹きさらしの廊下と前室
65　教室（上記いずれも
『新建築』1952年4月号より）
66　八雲小学校平面図
67　廊下部分の外観
68　教室（上記いずれも
『建築文化』1955年11月号より）

66

もいえる設計が行われるなど、単純な木造を越えたハイブリッド構造と呼ぶべき方法が具体化されていった。

もちろん、それぞれの技術自体は戦前の木造建築においても見られるものばかりであり、松村独自のものではない。しかし彼は、それらを自在に組み合わせることによって、設計のなかで必要だと判断された大きさの空間を確保し、さらに、木と鉄という異なる素材の構造体が共存する様子を隠すことなくあらわしにすることで、それまでの木造建築にはない意匠や空間の質を生み出した。

日本における大規模木造建築は、寺院等の伝統木造建築はもちろんのこと、戦前においては、各地方自治体や逓信省等のさまざまな公共建築として、また民間企業の工場や倉庫などの施設として、数多く建設されてきた。戦後になってもしばらくの間はその流れが続くが、1950（昭和25）年にできた建築基準法により壁量計算という工学的な基礎がつくられ、それまでの大工らによる経験則に工学的な光が当てられることになった。一方、構造的要因ではなく火災に対する安全性という観点から、大規模木造建築の建設ができなくなる。そして、1980年代に大規模断面集成材が認められていくまでの間は、日本における大規模な木造建築の空白期となった。

松村の設計した戦後の木造建築群は、そういう意味できわめて貴重であり、しかも単に戦前からの技術を継承し維持したのではなく、その時代にはなかった新しい可能性を見出したという意味において、高く評価すべきものだといえる。

〈4〉は、いわば日土小学校全体に関わるが、同校の空間が、〈1〉〈2〉〈3〉に示すような論理的な思考を骨格としつつ、あらゆるスケールで細やかにデザインされ尽くしていることによって獲得された特徴である。

運動場確保のため敷地端部に校舎を寄せ、川に向かってテラスや外部階段を張り出すことで、校舎と自然との間に見事な呼応関係が生み出された。各所の断面やディテールが工夫され、あらゆる空間が子どもたちの居場所になる。まさに、学ぶという行為の器としての理想を追求した結果が日土小学校であり、そこには現代にも通用する普遍性がある。

〈5〉についてここで詳述することは難しいが、戦前期のわが国の多くの建築家たちは、欧米のモダニズム建築の影響を受け、木造による新しい建築表現を具体化した。それは、松村の師であった蔵田周忠や土浦亀城をはじめ、前川國男、坂倉準三、丹下健三などの個人建築家から、逓信省に代表される組織にまで及び、数々の名作が生み出された。しかし戦後、それらの建物の多くは解体されてしまい、しかも多くの建築家たちは、木造からコンクリート造へと移っていった。したがって日土小学校は、木造によるモダニズム建築として貴重な現存事例であり、建築史上、きわめて貴重な建物といえるのである。

このように日土小学校は、戦後の新しい教育への志をいち早く空間化し、戦前からの木造建築の流れを継承し発展させた希有な事例であり、そして現代でも通用する優れた学校建築といえる。つまり、守るべき文化財としての価値と、活用すべき地域資源としての価値を併せもつ建築であるということができるだろう。

第1部
日土小学校校舎の保存と再生

第3章
保存再生計画の全体像

日土小学校の保存再生計画は、松村正恒が戦後の
新しい教育理念のもとにつくり上げた校舎の教育機能を
広く保持しつつ、今日的機能を付加し、さらには
未来へつながるものとして位置づけられる。
　本章では、まず保存再生計画の基本的立脚点を述べる
とともに、学校建築計画学および教育学的観点から
その根拠を見ていく。また中・東校舎の構造および
計画・意匠の内容についての概略、ならびに新西校舎に
ついてもその計画内容を紹介していく。

保存再生計画の
基本的立脚点

　日土小学校の保存再生計画にとって最大の課題は、前章で述べた同校がもつ文化財としての大きな価値を守ることと、現役の小学校として使い続けるために、現代的な学習環境としてふさわしい機能性と建築基準法による規制を満たすというふたつの問題への解答を両立させることであった。

　具体的な計画の立案にあたっては、八幡浜市が設置した「八幡浜市立日土小学校再生計画検討委員会」（以下、検討委員会）の答申（2006年3月）を基本とする以下のような方針を立て、これらにしたがって、細部の設計を行った。

松村の設計した既存校舎
（中校舎と東校舎）について

文化財としての価値を尊重し、
基本的に当初の状態に戻す

　内外装すべてに関し、原設計図や現況調査などにもとづいて竣工直後の様子を推察し、材料、形状、色彩等を、可能なかぎり当初の状態に戻すことを基本とした。

　中校舎と東校舎の設計原図は八幡浜市役所に保管されており、築後50年の間に修理・改修された部分はかなり把握できた。しかし、図面に未記入の部分の詳細や色彩は、当時の写真や現場の痕跡から考察し、復元工事を進めることとなった。とくに色彩については、塗替えによる何層ものペンキを剥がす慎重な作業によって決定した。

　仕上げ材料の多くは現在でも似たものが存在する工業製品である。しかしいざ入手しようとしても同一の製品はなく、一般的なものの場合は類似品を使用したが、時代を象徴すると考えられるものは、何らかの方法で現物を残した。

　たとえば、天井のパルプ系テックスは、そのまま保存し新設材でその上を覆った。屋根瓦は、元と同じ型を使って更新した屋根瓦に葺き替えたが、雨の影響が少ない軒下部分の一部に、当初の瓦を残した。

　また、日土小学校の意匠にとって重要な川側の鉄骨階段やテラスは、愛媛県河川課との交渉の結果、現状を維持することが認められ、鉄骨階段については、一旦解体した後に部分的な補修を慎重に行い、原状復帰させた。

構造補強を行い、現行の建築基準法
以上の耐震性能を確保する

　建物の文化財的価値を損なわないよう、既存の耐震要素を補強することを基本とする構造計画を立てた。新規の補強を要する場合は、追加した部材が峻別でき、しかも違和感のない意匠となるよう工夫した。東校舎川側の丸鋼ブレースの二重化は、その一例である。

東校舎の6つの普通教室の意匠は
当初の状態に戻すが、実験台や
調理台などを設置して特別教室に変える

　検討委員会の答申により、普通教室は改築し、東校舎の6教室は特別教室（理科室、家庭科室、図工室、音楽準備室、音楽室、多目的室）に転用することになった。そのため、各教室の内装は当初の状態に戻し、そのなかに必要な什器備品を置くことで、既存部への改変を最小限に抑えた。

中校舎の職員室まわりは改修し、運動場への見通しを確保する

現状では職員室から運動場への見通しが悪く、児童の安全管理上の問題が指摘された。そこで、職員室の廊下側壁面を改修して視線の抜けを確保するとともに、運動場側の玄関、小部屋、廊下を一体化してラウンジとし、運動場への視界を確保した。ただし、職員室壁面の改修にあたっては、既存壁面の主要な木軸フレームの構成は保存し、その間の棚や建具を撤去してオープンなカウンターやガラス引き戸に変更した。

中校舎の特別教室を改修してふたつの普通教室とする

普通教室は、新西校舎で4教室を、残りの2教室は中校舎で確保することになった。そこで、2階の音楽室とパソコン室を改修し、ふたつの普通教室とした。パソコン室は当初の普通教室の意匠に戻した。音楽室には間仕切りを新設し、新西校舎への廊下を生み出した。

床の遮音性の向上、建具の改良、便所の更新等、各所の機能性を高める

床鳴りを防ぐために、根太を追加あるいは更新した。建具は既存の枠部材を補修し再塗装したうえで、安全なスクールテンパーガラスに交換した。東校舎1階の便所は全面的に改築した。これらによって、現代的な学習環境を確保したといえる。

新西校舎について

検討委員会の答申にしたがって、東校舎の普通教室群は特別教室に変え、中校舎の2教室を改修しても不足する4つの普通教室を確保するために、敷地の西端部に普通教室棟を新西校舎として新たに建設した。

新西校舎は木造2階建て、各階にふたつの普通教室と共用の多目的コーナー、トイレ、洗面、教師コーナー等を設けた。小規模校ゆえに教室は小さめとし、既存部に対して違和感のない大きさに抑えた。この校舎には、現代の学習環境にふさわしい空間の実現と、文化財的価値の高い既存部と調和のとれたデザインという大きな課題があった。

前者については、建築的性能や熱・光・音環境の向上、安全性やバリアフリーの確保、水まわりの充実、そして教師と子どもたちとの親密な関係性を生む空間づくりなどを目標とした。

そのために、子どもの視点に立った細部のデザイン手法は中・東校舎から継承しつつ、小規模化した日土小学校の現状を考慮し、多目的コーナーをふたつの教室が共有する緩やかなオープンタイプとした。これらの空間は自由度が高く、教科学習の枠を越えた柔軟で新しい使い方が可能である。

構造形式は、地元産の杉集成材による耐力壁構造とし、風車状に配した中央の壁柱により水平剛性を確保し、2階床は断面欠損を避けた2段格子梁とした。これによって、東・中校舎以上に開放的な外観となり、透明感に溢れ、川への親水性のある建築が実現した。

外観デザインについては、単に既存部の模倣を行うのではなく、その特徴である水平性や川との関係をバルコニーや庇のデザインや平面計画などへ反映させ、逆に、屋根や開口部のデザインは既存部とは違えることで、過去との現代的な連続性と対比とを演出した。

学校教育施設としての
基本的機能

学校建築計画学の視点から

わが国の学校建築計画のあゆみ

　わが国の近代的教育施設のはじまりは、明治政府による1872（明治5）年の学制発布である。当初は規範となる例がなかったため、外観は凝洋風であり、平面計画は決して機能的とはいえなかった。そこで政府は規範とすべく1890年に「改正小学校令」とその細則「小学校設備準則」を示し、1895年に文部省は「学校建築図説明及設計大要」を公布した。そこでは規模に応じた諸室を備え、授業上、管理上、衛生上の便を図り、外観の虚飾を去った質朴堅牢で土地の状態に適したものであることが謳われた。当時流行しはじめた野球ができるような広く草木のないグランドと、そのグランドを南に臨み、北側に一文字に校舎を配するブロックプランが全国に普及した。

　この指導書によって教室は4×5間の大きさとなり、ひとりの教師が黒板を背に児童と向かい合うだけの場となった。そこには、子どもの持ち物や教具等の置き場、まして寛ぐ空間は存在しなかった。この教室群を南側に一列に並べ、北側廊下で繋いだのである。このつくり方が何の検証、反省、工夫もなく踏襲され、そうした事例は現在でも全国に散見される。

　しかし明治40年代から大正デモクラシーの時代にかけ、わずかではあったが変化の兆しが見られた。それは、従来の受動的、画一的な教育方法を見直し、教室に各種の道具や家具類を持ち込んだり、教壇を排したり、ひとり机にするなどの試みである。しかしその後、戦時下に入り生活空間を見直す余裕もなく途絶えてしまった。戦後は、戦災復興とベビーブームに対する施設量の確保に腐心するのみであったが、東京大学工学部建築学科・吉武研究室で試みられた私立成蹊小学校等の計画がきっかけとなり、わずかながら空間の質向上の追求が行われた。つまり平面計画が変わりはじめたのは昭和30年代初めといえる。

日土小学校の特徴

　日土小学校が計画された昭和30年代前半ごろは、面積基準は現在に比べ大変厳しく、建設単価も低く、生活空間をいかに生み出すか腐心した時代である。当時は校舎全体の約1/3を占める廊下部分をいかに縮減するかや、教室の光・通風環境をいかに改善するかが計画の大きな課題でもあった。そのひとつの解が吉武研究室で提案された2教室単位で階段室と廊下を結ぶ「クラスター型」の校舎であった。

　松村正恒は日土小学校の東校舎設計にあたり、この形式を採用し、均一な光環境を確保、そのうえ、南側窓の上段部分をくもりガラス、下段を透明ガラスとし、木製ルーバーも含めて優しい拡散光が教室内にはいるディテールの工夫も行った。教室と廊下との間にできたスペースの1階に水路を設け、夏場に空気の自然対流が起きる仕掛けによって教室内の通風を確保、しかも隣の教室の騒音にも邪魔されない教室の独立性を保つ計画などが特筆される。

　無味乾燥となりがちな北側廊下も教室空間より天井を低く抑え、水平連続窓（木造カーテンウォール）で構成した廊下にベンチを配し、緩やかな階段を含め、子どもの遊び心を引き出す演出が随所になされている。

このような優れた教育空間計画は貴重であるにもかかわらず、残念ながら一般化されなかった。
　しかし、日土小学校も建設されてから半世紀を経て、教育内容、教授方法、科学技術は飛躍的に進歩した。時代は情報化社会となり、個を尊ぶ教育も求められるようになり、教室や校舎のあり方を見直す必要が生まれてきた。

改修・改築にあたって

　保存再生計画は文化財としての改修であると同時に、子どもらが生活する学校として、教育の現代化にどのように対処するかが大きな課題となる。
　改修・改築計画は、日土小学校が持っていた環境を最大限に生かしつつ、「一人ひとりの子どもたちの能力を伸ばす教育をめざす」「重要な文化財の校舎で学ぶ誇りと愛着を培い、育てる」「安心安全な環境を守り育てる」といった教育環境を実現することをめざした。具体的な視点は以下のようなものである。

〈1〉小規模な集団生活を送りながら、個別指導や学習ができる空間づくり
〈2〉学年間の緩やかな連携が持てる空間づくり（低学年、中学年、高学年のくくり）
〈3〉「普通教室で学ぶ環境（新西校舎）」と「特別教室で学ぶ環境（重要な文化財の教室）」を明確化した空間づくり
〈4〉校舎全体が見通せる、雰囲気が感じられる空間づくり

　まず第1に、1クラスあたりの児童数が10人を切る規模で、今後複式学級も想定しなければならないことである。そのためクラスルームとしてはやや広い。
　これからの教室空間は、今までのように教科書と黒板のみの指導でなく、教材提示、グループ討議、個別指導、メディアを利用した情報検索、教師の協力教授など多様な学習展開への対応が求められる。学年の壁もときによっては外す等、閉じた学級空間から、オープンな学習空間が必要である。
　授業は一斉に聴く場合もあれば、児童一人ひとりが集中して取り組む個別学習、グループで話し合う学習がある。それらに対応した多様な空間が用意され、連続的に展開できることが必要である。しかも、いつでも、どこでも、情報が取り出せる情報コンセントの整備やいろいろなコーナーに図書・教具を配し、作品展示や必要な学習資料が適宜置かれた教室の確保が望まれる。そのうえで、子どもたちや教師が休憩したり、寛いだりする「デン」や「アルコーブ」などの余裕空間も必要なのである。
　第2に、どの学年も同じ大きさの教室でなく、1・2年の低学年の教室は、教室周りで学習のほとんどが可能であり、中高学年では実験や製作を伴う特別教室がクラスルームからスムーズに移行できる連続性を確保する必要がある。
　第3に、時代の異なる校舎群で学ぶ魅力である。当初の形に戻りつつも特別教室に衣替えした東校舎と、交流ラウンジを通してさらに内外に開かれた中校舎は、重要文化財として子どもたちに空間と時間の大切さを語りかける。他方、新西校舎は現代的教育機能を凝縮させ、子どもたちに未来への道筋を照らす。東、中、新西校舎に見る過去・現在・未来へとつながる空間は、子どもたちに学校・地域・人々へ連なる誇りを醸成するだろう。
　第4に、教師の居場所も安全上・心理上、なるべく子どもたちの眼の届く範囲にあり、ひとつはクラスルーム近く、もうひとつの職員室は子どもたちが近づきやすい位置・空間とした。なぜなら子どもたちとの一体感を醸し出す重要な要素となるからである。

以上のような建築計画的視点で今回の校舎改修・改築計画をまとめたが、以下、具体的平面計画の変更理由とそのねらいを記述する。

　先述した理由により、東校舎に配されていた6普通教室の代わりに、旧西校舎の改築により新たに4教室を新築した。そこには各階2教室を多目的スペースを介する形で計画する。それまで中校舎2階にあった音楽室は東校舎へ、パソコン室は図書室と一体化し、メディアセンター化して中校舎2階に配置した。

　もともと中校舎1階には職員室、校長室、保健室、倉庫等の管理諸室、家庭科室、特別支援学級が中廊下形式で配置され、閉鎖的であった。しかし正門から一番近く、外来者もアプローチしやすいため、児童・教師・外来者が利用する玄関とするのが最適である。それゆえ、管理上の配慮から、職員室からの視認性を高めることが求められ、従来の空間構成を大幅に変更する必要があった。

　そこで玄関にあたる昇降口と給食受口を西端にコンパクトにまとめ、それまで板壁や板戸で仕切られていた職員室の廊下側を透明パネル化した。そしてグランドに面する倉庫部分を廊下一体の交流ラウンジとし、職員室をグランド側に開くことでアプローチ空間やグランドの視認性が確保できた。見通しの良くなった職員室には奥まった休憩コーナーも付加し充実を図った。

　家庭科室と特別支援学級として使われていた部屋を保健室と校長室に、校長室だった部屋を特別支援学級にそれぞれ入れ替えた。そもそも特別支援学級は建設当初は存在せず、その後応急的に家庭科室内に置かれたため、独立性に欠け、落ち着かない空間であった。そこで特別支援教室と保健室の配置を換え、両室ともウッドデッキテラスに面した快適な空間とした。

　東校舎は特別教室棟になった。これまで児童用昇降口であった空間は郷土資料コーナーや作品展示コーナーに、1階は理科室、家庭科室、図工室の水まわりを有する特別教室、2階は音楽室と多目的室とし、部屋の連続性を確保した。また2階東端の趣向を凝らした日本風インテリア空間の旧補導室は、資料室として活用した。東校舎は、地域コミュニティの生涯学習活動の場としても活用できるだろう。

教育学的観点から

多様な出会いと
学びの場の保存と創出

　松村正恒は学校建築を設計する際に、戦後の民主的教育をどのように具現するかに腐心し、それは日土小学校においても同様であった。

　学校は教育の場であると同時に、子どもの生活の場であり、また子どもと子ども、教師と子ども、そしてときには地域の人々の出会いや、学びの場でもある。中校舎・東校舎に仕掛けられた数々の空間——昇降口、階段、踊り場、廊下、ベンチ、花台、光庭など——は多彩な出会いを演出し、子どもと教師の活動の広がりを保証している。これらは復元・復旧により丁寧に保存され、加えて、中校舎からの視認性を確保するための交流ラウンジと合わせて、出会いの場が広がった。

　東校舎のクラスター型教室の保存も、特別教室に転用することで、構成と内外装が建設当初の状態に再現された。クラスター型教室は、教師と子どもの密な関係をつくり上げるという当時の器としてそのまま残され、一方で、教室は萌黄色、ブルーグレー、淡い桜色に塗り分けられ、華やかさを再現した。

　振り返れば、戦後の新しい教育は1947（昭和22）年の教育基本法の制定によって始まり、学

習内容を定める学習指導要領も文部省から次々と出された。昭和22年学習指導要領一般編（試案）では、画一的教育を廃し、教育の実際の場での、子どもの創意や工夫の大切さを謳った。このように戦後当初の教育は、新しく子ども中心主義が前面に打ち出され、松村も数々の学校建築で、新しい教育を実現しようと意気込んだ。松村の「教育の環境とともに、教育も変わってほしいと願いながら、学校を設計したのです」「わたしは小学校をつくるとき、まず子供になったつもりでプランを考え始めるのです」という言葉どおり、そこには教育に対する思い、子どもへの深い愛情が込められた。

日土小学校の保存再生は、当時の学校建築の先進性と同時に、子ども中心の教育の場として丁寧に記録され甦ったのである。

時を紡ぐ校舎

中校舎、東校舎、新西校舎の3つの校舎が並ぶことにより、時代の異なる空間が創出された。ここではふたつの意味で「時」を見ていく。

ひとつは、子どもが学び、生活する場としての、時間の映り方である。改築した新西校舎は現代的教育空間として、新しい設備や什器で満ちあふれ、未来を感じさせる。中校舎は、職員室周りの適度な改変により校庭を見渡せ、また交流ラウンジを設置したことで、小さな子どもにも改修の持つ意味と時間が体感される。東校舎は、特別教室に転用しつつ、教室群の構成を保存し、松村の数々の仕掛けと静寂に満ちあふれた空間が過去からのときの重みとして伝わる。保存再生された空間で過ごす日土小学校での6年間は、重要な文化財の校舎が持つ意味を理解するだけでなく、日常的にも時間が問いかける貴重なものとなる。

もうひとつは、学校が、そして校舎が、世代を超えて受け継がれることの意味である。地域における学校は今でも特別な存在であり、学校があることで、地域とその力が継続していく。そうした力は学校への愛着とともに育ち、醸成される。往時の校舎が再現され、往時の姿を取り戻した日土小学校では、祖父母から父母へ、父母から子へ、子から孫へと物語が語り継がれる。学校を舞台に、地域を舞台にしたその仕掛けこそが日土小学校の真正なる保存再生である。

こうした時間——学校での時間、人々が受け継いでいく時間——は、教師や友、親兄弟や地域の人々とのかぎりない共有体験として語られ、学校を守る力となっていく。

新しい教育課程への対応

新しい教育課程への対応も欠かせない。建設当初の昭和30年代の教育課程からすると、小学校のそれは大きく変わってきた。当時の小学校での主要な教科は、「国語、算数、社会、理科、音楽、図画工作、家庭、体育、道徳教育」であったが、現在はそれに「生活科（1、2年生）」と「総合的な学習の時間」が加わった。生活科も総合的な学習の時間も、教室内の授業に留まらず、実践や実習、ワークショップ、学外研修等多彩なテーマと授業形態が取られ、そのための自由な空間が必要となる。東校舎に設けた多目的室や新西校舎の明るいオープンスペースは、適度な広さと快適さが確保され、教師と子どもが一体となっての作業が楽しめる場所とした。

特別支援教育への対応も重要である。すべての子どもは、地域の学校で学ぶ権利を有するという視点からの統合的教育の推進により、障害児教育も一般の学校で可能となっている。日土小学校でも正式なトレーニングを受けた教員が配置されている。

特別支援の教室は中校舎1階の東端とした。この教室は、中校舎の西端に置かれた保健室とともに、一日中陽の降り注ぐテラスを前に、教師と子どもの空間としてじつに上質に仕上がっている。

環境との融合

環境との融合も保全された。川側のベランダ、テラス、鉄骨階段はすべて安全性を担保して修理・保存し、一部は復元した。川側景観の重要性は基本計画段階から繰り返されてきたが、それが正確に保存再生されると同時に、周辺環境との融合も当時のままに復元した。

喜木川に張り出したテラスやベランダの類は、子どもが自然と触れあう親水空間として楽しめ、子どもの日常を川に近づけるものとなっている。

喜木川と山々に囲まれた日土小学校は、学校そのものが環境教育の教材であり、また、かぎりなく境目のない環境と学校建築の融合は、子どもの心に強く「環境」の持つ意味を問いかけるだろう。

行政・学校・保護者・建築関係者の協働作業

保存再生への取り組みとしての協働的作業について少し触れよう。

保存再生計画への実質的な始まりは、2005年秋の「八幡浜市立日土小学校再生検討委員会」（2006年3月市長答申）からである。改修か改築か、地元では意見が分かれ、教育委員会はPTAや地元住民、保護者に加え、学識経験者等を交え、公開で議論を行った。そこでは一定の結論が出たものの、基本調査の重要性を認識し、外部の専門機関（最終的には日本建築学会四国支部）に調査を委ね、基本計画策定へと進んだ。こうした手続きはおそらく教育行政には稀であり、市民に公開されたかたちでの議論も貴重であった。もちろん、その後の実施設計段階でも、教育委員会、PTA、学校教員らとの話し合いや意見交換が繰り返され、2008年3月に設計はようやく完了した。

学校の改修・改築で、教育行政が広く一般市民にも開かれたかたちで議論を公開し、市民・保護者・地域住民との対話のもとに進めたのは、地域における教育のあり方について問題提起するものである。こうした方法、取り組みが教育行政の「学校建築」に対するさらなる理解を深め、学校教員、保護者、地域住民を巻き込んでの教育へ進む可能性を示したものともなった。

教育の営みが、過去を学び、現在を知り、未来をデザインするものであるならば、日土小学校の改修・改築の歩みと新しく生まれ変わった日土小学校は、まさにそれを体現するものであろう。

中校舎と東校舎における保存再生

構造の観点から

木造校舎の構造

　木造校舎の構造設計については、1950（昭和25）年に建築基準法が制定される前から検討が行われており、『学校建築図説明及ビ設計大要』（1895年）、「小学校改良木造仕様」（『震災予防調査会報告』vol.6、1895年9月）、「木造小学校建築耐震上ノ注意」（『震災予防調査会報告』vol.101）があったが、1938年には、木造2階建小学校標準教室の構造的検討が行われていた。これらのなかで、筋かいや方杖といった耐震要素や小屋組のキングポストトラスなどの構造要素が整理されることになる。

　さらに1947年には、戦時規格を発展させた「日本建築規格建築3001 建築物の構造計算」が作成された。同年に「日本建築規格 小学校建物（木造）JES1301」が制定、1949年には「日本建築規格 木造小学校建物JES1302」が制定される。同年、日本建築学会が「木構造計算規準・同解説 附木造学校建物規格の構造計算」を発刊し、そのなかで、JES1301による木造2階建校舎の構造計算が示され構造的な検討が整備された。

日土小学校の構造

　1956年から1958年に建設された日土小学校は、こうした小学校の構造設計法が整備されたあとの建物であるため、基本的にはこの規格にもとづいて設計されている。しかし、それだけではなく、当時の先端技術である「新興木構造」をはじめとする近代建築の技術を積極的に取り入れている。構造的には、丸鋼によるブレース、鉄骨トラス梁、鉄骨トラス階段など木と鉄のハイブリッド構造の考え方をはじめ、構法的にも木部材の耐久性向上のために地面から浮かした柱脚の納まりや、外壁を柱の外に設けるカーテンウォール状の表現などの工夫があちらこちらに見られる。

地盤・基礎

　講堂建設時のボーリングデータが収集できた*。調査結果によると、校舎部分は、GL−6〜7mにN値50以上の基盤岩層を有し、その上に喜木川の作用により運搬された堆積物層で、N値4〜30程度とばらつく砂礫主体の層がある。表土は、現校舎建設当時に盛られた土砂の埋土層が1m程度ある。地下水位は、GL−2.4〜3.0m程度とほぼ河川水位と同じである。

　表層1m程度が盛り土であるが、現状は大きな不同沈下や基礎コンクリートの大きなひび割れなどは見られず、木造2階建ての建物に対しては、比較的健全な地盤と考えられる。

　基礎は、外周部が布基礎で、内部は束石による独立基礎となっている。布基礎部分では、設計図書に鉄筋の表示も見られたが、鉄筋探査機による調査では反応はあったものの、コア抜きをしたが、鉄筋を発見することはできず、中校舎・東校舎ともに無筋コンクリートの布基礎と考えられる。コア抜きしたコンクリート基礎の圧縮試験結果より、コンクリート強度は10.9〜17.9［N/mm²］となっており、建築時期を考えると妥当な値といえる。跳ねだしスラブとなる川側テラス部には鉄筋が確認されたが、かぶり不足によって鉄筋が錆びて膨張し、コンクリートを剥落させていた。

*『日土小学校屋内運動場改築工事に伴う地質調査業務委託報告書』基礎地盤コンサルタンツ、1995年6月

軸組

梁間方向の架構は、1階柱は135×135 mmの2本をボルトで緊結した組み立て柱とし、柱頭部に方杖を設けている。2階柱は135×135 mmの1本で、柱頭部は1階同様に方杖を設けている。2階教室の荷重を支えるため教室界壁間に鉄骨トラス梁を用いている。教室間の界壁は筋かい＋土壁となっており、1階、2階とも筋かいは120×120 mmでたすき掛けとなっている。

桁行方向は、筋かい構造で、木製筋かい120×120 mmがたすき掛け、あるいはK型で配置されている。教室部分では、19φ丸鋼によるたすき掛け筋かいも用いられている。

使用されている樹種は、光学顕微鏡により、柱材はスギ、土台はヒノキ、梁はマツと同定された。

こうした構造計画は、基本的には「日本建築規格 小学校建物（木造）JES1301」の軸組図と同じ構成になっているが、規格と異なるクラスター型教室配置のため、廊下部分の構造は独特のものとなっている。また、教室部分でも、梁間方向の方杖、桁行方向の鉄骨トラス、丸鋼ブレース、仕口接合金物、柱脚金物などに構造的な特徴が見られる。1

梁間方向架構に見られる方杖は、建築規格では木材であるが、ここでは鋼製のパイプ（48.6φ）が用いられている。

桁行方向の鉄骨トラスは、2階床ではL-65×65×6を2丁あわせにした上弦材と、L-50×50×6を2丁あわせにした下弦材をL-40×40×5のラチス材で結合したトラスを用いている。ラチスと弦材の接合は、中校舎ではリベット接合、東校舎では、溶接接合となっている。また、木製の梁は受けプレートを介して結合されている。2

教室部桁行き中央スパンに設けられる丸鋼ブレースは、交差部に円環を用いており、端部は柱を

1　鋼管による方杖

2　鉄骨トラス

3　ORIMOTO CLAMPSカタログ
（『発明家織本道三郎』
「発明家織本道三郎」刊行会、1956年）

4　柱脚接合部のネイルプレート

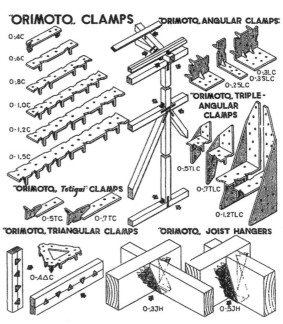

貫通して傾斜座金を用いて接合されている。ブレースの設置位置は、柱頭・柱脚とも横架材接合部から上下に200〜300mm程度ずれている。

柱頭や柱－横架材接合部の仕口接合金物には、ネイルプレートが使用されているが、これらは「新興木構造」において大規模木造建築に用いられる金物ORIMOTO CLAMPSとして流通していたものと同形式である。[3,4]

昇降口などの外部床面に接する柱では、柱脚の水対策のため木口を地面から浮かせる特殊な金物が用いられている。

床組

床組は、桁の上にタイコ落としの丸太材を転ばし根太にして床材を留め付けている。また、2階床面、小屋梁面には外壁1スパン部分に、丸鋼による水平ブレースが設置され、水平構面を確保しようと試みている点も建築規格とは異なっている。

小屋組

教室部分の屋根は、中校舎ではキングポストトラス、東校舎では2階床と同様の鉄骨トラスを桁梁とする登り梁構造となっている。廊下部分は登り梁による片流れ屋根になっている。

その他

川側に設置されている鉄骨外部階段は、踊り場部分に柱のないトラス形状の階段になっており、構造力学にもとづいた架構になっている。ささらもトラス形状、床は丸鋼をもちいたグレーチングとなっている。

耐震性能

構造的に当時の最先端の技術を盛り込んだと思われる日土小学校でも、現行の耐震診断基準に照らし合わせてみると、耐震診断評点は「一応倒壊しない」の判定の1.0を満足せず、0.7未満の「倒壊の可能性が高い」の判定になってしまう。

一方、使用されている部材の劣化状況を把握するための、ピロディン貫入深さと含水率調査を実施したが、ピロディンの貫入深さは11〜19mmであり、貫入限界値16mm［ヒノキ］、23mm［スギ］をすべての材で下回り、含水率が25％を超える部材は7本中7側面のうち側面1箇所だけであり、とくに劣化が見られなかった。

構造補強

木造学校の耐震補強を行う場合には、構造的違いから小規模な木造住宅の耐震補強技術と比べて以下の点にとくに注意する必要がある。

- 建物の重量
- 階高による耐震壁性能・接合部低減係数の補正
- 教室が大空間のため水平構面剛性の確保

これらの点に注意しながら、以下のような方針をたて耐震補強を行った。耐震補強計画は、財団法人日本建築防災協会による耐震判定を受けた（DPA−W診−02,03）。

耐震補強目標

現行の学校建築と同等の耐震性能とするために、必要耐力 $Qr = Ai \cdot C_0 \cdot W \cdot Z \cdot I$ を、地域係数 $Z = 0.9$、重要度係数（用途係数）$I = 1.25$、標準せん断力係数 $C_0 = 0.2$ として算出して用いた。

基礎

　床下には、土間コンクリートを打設し、無筋コンクリート製布基礎には鉄筋コンクリート製布基礎を増設し、既存基礎と一体化を図った。

耐力壁

　耐力壁の補強は既存土塗り壁を撤去し、建物重量の低減を図るとともに、既存筋かいの上から大壁として防火性能の高いガラス繊維不織布入せっこう板を4周ビス打ちしたものとした。
　丸鋼ブレースは、丸鋼の径を大きくするとともに、2列の柱にあわせて2重に配置し、耐震壁としての性能を向上させた。また、交点がずれていたブレースは横架材－柱の交点間を結ぶ線上に配置し、効率を向上させた。さらに、ブレース中央の円環による交差部分は、ブレースの引張力に対して剛性を確保するためにリブをつけて補強した円環に交換した。5-7
　耐震要素の階高による補正は、面材壁については、階高の影響が少なかったため、低減をしなかったが、筋かい・ブレースではその角度に従って性能を低減して評価した。
　耐力壁周辺の柱頭・柱脚の接合部は、既存金物の性能を評価し、不足部分では補強金物を追加した。ネイルプレートは、実験により短期許容引張力を7.1kNとして評価を行った。
　同様に、木製筋かい端部接合部、筋かい交差部も現行基準にあう接合方法により補強を行った。

屋根

　屋根の棟にはたわみがあり、雨漏りも発生していた。屋根部材の構造検討を行った結果、垂木部材の断面性能が不足していたため、屋根の葺き替

5

6

7

5　丸鋼ブレースの補強
6　改修前丸鋼ブレース円環
7　改修後丸鋼ブレース円環
8　屋根の垂木補強
9　中校舎 屋外鉄骨階段部材交換部位
（網かけ部）

8

えにあわせて新設垂木を既存垂木の間に配置して部材数を増やすことで、構造補強を行った。8

床組

鉛直荷重に対する性能は一応満足していたが、水平構面としての性能は、不十分であった。屋根同様に根太の本数を増やしたり、既存床組の下部に構造用合板を張る方法も検討されたが、建具の納まりなどにより床厚を変更しにくいため、既存根太を新たな部材と交換し、構造用合板を用いて水平構面としての性能を確保した。構法保存のため、階段昇り口、図書室など構造的に性能を満足する箇所では、既存の床組を保存した。

外部鉄骨階段

外部の鉄骨階段では、錆による断面欠損が多く見られた。解析による検討の結果、応力的には、断面欠損が50％程度でも安全性を確保可能であったが、以下の判断基準にしたがって部分的に交換した。交換部位を図9に示す。

- 部材断面の30％を超える欠損が見つかった部材は交換。
- 部材断面の10〜30％以下の欠損が見つかった部材は、目視調査、調査結果の詳細検討により、交換か再使用か判断。
- 部材断面の10％以下の欠損が見つかった部材は再使用。9

耐震診断結果

以上の構造補強方針で耐震補強を行った結果、重要度係数1.25を考慮して耐震診断評点は、1.0以上となり、「地震の震動及び衝撃に対して倒壊し、又は崩壊する危険性が低い」の判定となった。

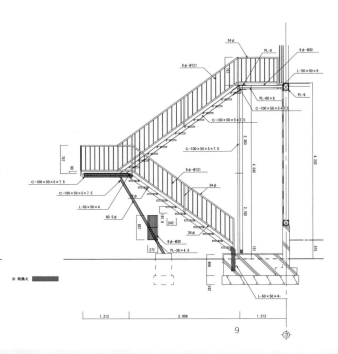

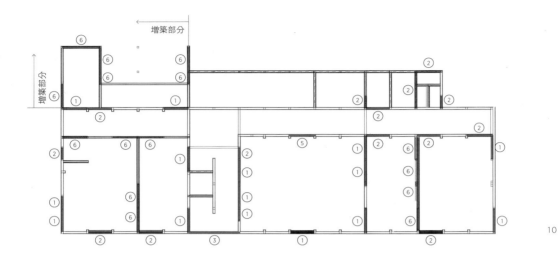

10

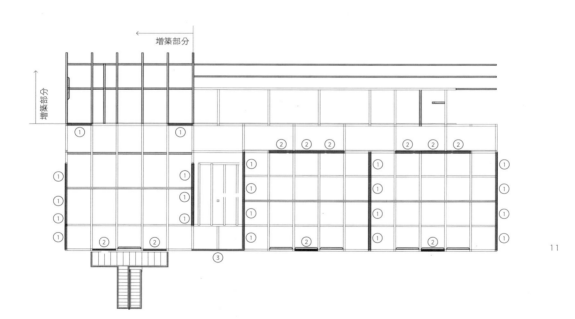

11

耐震壁補強 10–13

建設当初の設計原図と改修前の現況を比較し、当初の耐力壁の位置や数量、および外観・内観の意匠との関係を確認したうえで、構造補強工事はこれらの意匠にも配慮し、可能なかぎり現状変更をしない構法をとった。
　具体的には以下の①〜⑥の構法から部位ごとに選択した。

① 耐力壁を補強する。
② 非耐力壁を耐力壁にする。
③ 耐力壁を現状使用する。
④ 耐力壁を非耐力壁として保存する。
⑤ 耐力壁を撤去する。
⑥ 新設の間仕切りを耐力壁とする。

上記の①〜④は文化財の意匠性、当初の工法を遺すとともに耐力を増す構法であり、⑥は単純に耐力を向上させる構法である。

　機能上の理由で改修が必要となった中校舎では①〜⑥を用い、文化財的価値の保護を重視した東校舎では、新規の開口部以外、基本的に①〜④を用いた。

10　中校舎 1階耐震壁補強位置図
11　中校舎 2階耐震壁補強位置図
12　東校舎 1階耐震壁補強位置図
13　東校舎 2階耐震壁補強位置図

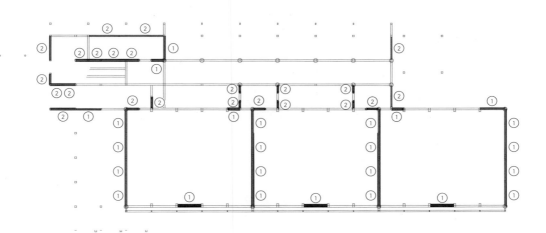

12

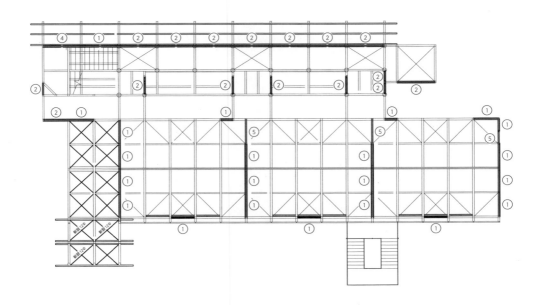

13

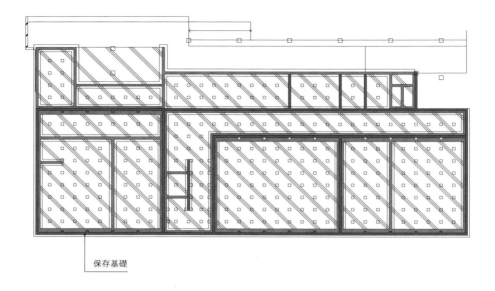

14

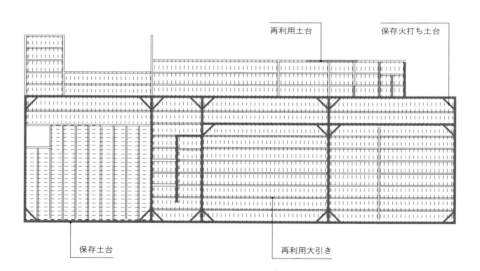

15

水平構面の補強 14-23

既存水平構面の補強は、屋根構面の杉野地板から構造用合板に取り替え、2階床構面は構造用合板と鉄筋ブレースの追加をした。
　水平部材のうち、当初の構造を遺し、保存した場所および部分を図で示す。

14　中校舎　基礎保存部分位置図
15　中校舎　1階床組保存部分位置図
16　中校舎　2階床組保存部分位置図
17　中校舎　小屋組保存部分位置図

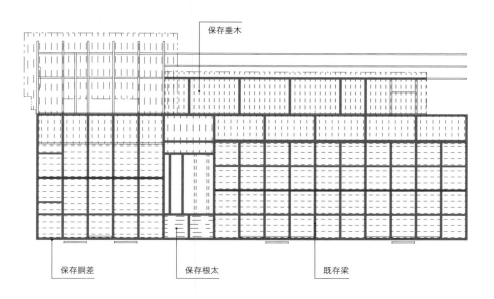

16

保存胴差　保存根太　既存梁　保存垂木

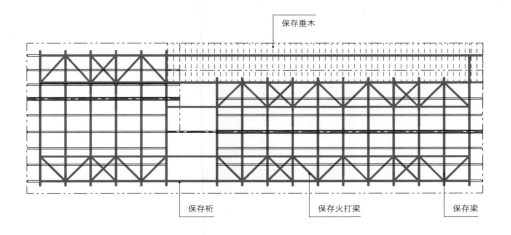

17

保存桁　保存火打梁　保存梁　保存垂木

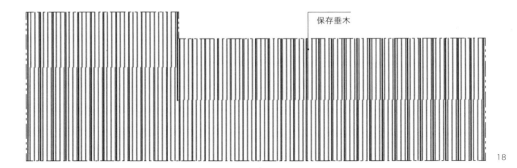

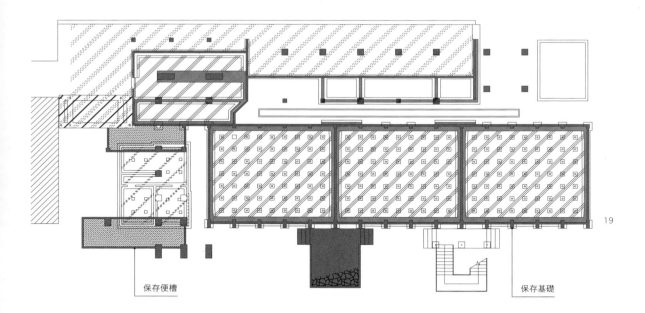

18　中校舎　小屋垂木保存部分位置図
19　東校舎　基礎保存部分位置図
20　東校舎　1階床組保存部分位置図
21　東校舎　2階床組保存部分位置図

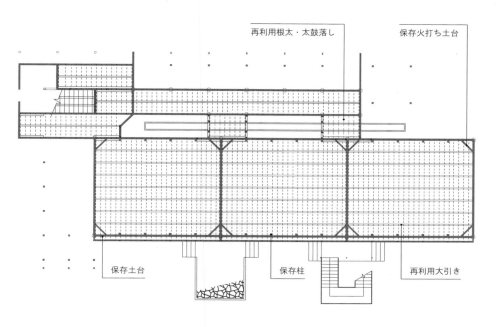

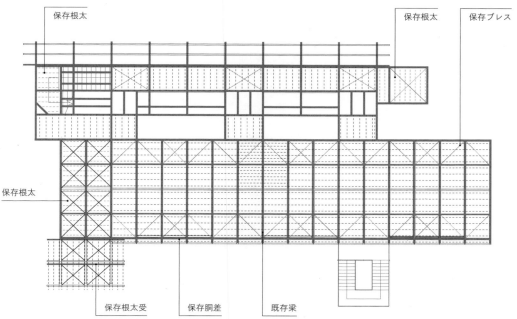

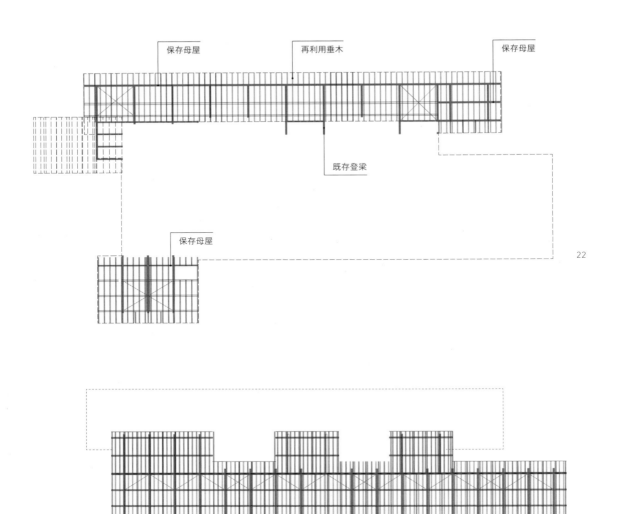

22 東校舎 2階廊下棟ベランダ部小屋保存部分位置図
23 東校舎 教室棟小屋保存部分位置図

計画と意匠の観点から

　中校舎および東校舎の改修は、基本計画づくりから、実施設計、改修・改築工事に至るまで、試行錯誤の連続であり、いくつもの難問が立ちはだかった。それは、真正なる保存と使い続ける学校という課題をどう両立させるかの厳しい問いかけとも言えた。改修工事の途中には、設計原図からは窺えないものが見つかったり、復元材料の調達が偶然にも可能となったものもあった。これらの位置づけについては、日土小学校保存再生特別委員会による監修の下に判断がなされた。

　ここでは、保存の進め方や細部の復旧・復元に関連して、判断の根拠としたものや指針、ならびに改修の際の手がかり要件について、重要と思われるものをいくつか紹介していく。

保存再生と教育機能の充実

　中校舎と東校舎は改修、西校舎は改築である。その概要は、〈1〉中校舎は当初からの職員室を中心に教育・管理機能を充実させた改修、2階部分は一部特別教室から普通教室に用途変更、〈2〉東校舎は普通教室であったが特別教室に転用し、建設当初の文化財的意匠の保存・復元、〈3〉西校舎は中校舎で不足した普通教室を補うよう改築、であった。そして、学校として使い続けるうえでの最も大きな課題は東校舎の保存活用のあり方と、中校舎の管理機能の考え方であった。

　八幡浜市立日土小学校保存再生委員会（2005年9月〜2006年3月答申）でも、その用途をめぐっての議論には厳しいやりとりがあった。答申では、東校舎を全面保存すべく知恵が絞られ、特別教室として転用する方向でまとめられた。並行しての教室機能の充実は、教育委員会、保護者とも最重要課題であり、その後の基本計画策定で西校舎の改築により前進した。こうして段階を踏まえながら、東校舎の全面保存、中校舎の教育・管理機能の充実、西校舎の改築を軸にした改修・改築が図られ、結果的に、東校舎のクラスター型の教室構成は忠実に守られることになり、オリジナルな意匠の保存・復元が実現した。

　また中校舎については、職員室からの視認性を高めることで管理機能を充実させ、同時にこれまでの教室機能も保存した。

法律による指針——
河川法、建築基準法、耐震改修促進法

　八幡浜市教育委員会は当初から校内の諸施設について、保存と同時にできるかぎり使用可能なものとしたいと希望していた。現に児童が生活する場として存続させるには当然の要求であり、とくに老朽化した川側の鉄骨階段やテラス等に対しては安全性が強く求められた。

　一方、喜木川（2級河川）に突き出した鉄骨階段やテラスはきわめて重要なファクターであり、文化庁との協議でも当初から「川側景観こそが重要」と指摘され、その保存のあり方が実施設計段階から重くのしかかっていた。24

　鉄骨階段やテラス等の改修には、河川法に関わる部分での愛媛県河川課との協議と、建築基準法に関わる部分での愛媛県建築指導課との協議が必要であった。県の河川課からは、鉄骨階段等の河川専用許可継続の要件について、河川氾濫時での専用構造物の構造安全性根拠と河川擁壁の構造安全性の根拠を示すことが求められた。また擁壁に関わる工事の不可も言い渡され、難問ばかりとなった。実施設計の最終段階までいく度もの構造安全設計作業と同時に、愛媛県教育委員会の指導助言も受けながら、重要な文化財としての根拠を示すことでようやく許可を得た。

24　喜木川に迫り出したテラスや鉄骨階段の改修前の様子

建築基準法に関わる建築指導課との協議では、鉄骨階段は現行基準法下では小学校の階段の基準に適合せず、「児童が通常使用可能なもの」としての改修検討が迫られた。議論の末、八幡浜市教育委員会を含めた監修委員会では、日土小学校を象徴する重要部分として位置づけ、通常使用は断念するものの、最終的には避難器具として取り扱うものとし、構造的安全性を確保したうえで修理し、保存することにした。

東校舎は構造意匠と使用形態が建設当初のままで耐震性のみ不足していたため、「耐震改修促進法」による判定を日本建築防災協会で得て、特定行政庁（愛媛県）の認定を受けた（木造校舎としては2009年時点で全国2例目）。同法は有効に機能し、先述した東校舎のクラスター型教室群、ならびに内部意匠等のほぼすべてを速やかに保存・復元することが可能となった。

意匠的な配慮

施設計画と法制度上の調整の次には具体的な意匠が大きな課題となる。可能なかぎり当初の姿に戻すという原則はあっても、何が「当初の姿」なのかという難問が控えているからだ。建築の意匠は、形状、寸法、素材、色彩、工法等さまざまな要素から成っており、日土小学校のオーセンティシティを守るために、それらの当初の状態を慎重に確認しつつ、実施設計と建設工事が行われた。

たとえば、屋根瓦は全面的に葺き替えたが、当時の金型をもつ工場が判明し、当初の形状と寸法のスレート瓦を使用した。図書室や旧補導室の和洋を折衷したような特徴的デザインは、竣工写真や現場に残る元の材料を参照しつつ新しい材料で復元した。色彩の再現は難問であったが、各部に残るペンキの層を削る等の調査によって当初の色を確定した。その他、建物周囲の外部通路の屋根や手当洗い場等も丁寧に改修した。25-27

現場におけるいくつかの発見をともなうこのような細かな作業により、日土小学校がもつ文化財としての大きな価値は、意匠面においても守られたのである。

25　東校舎色彩調査
26　中校舎外部通路
27　移設したコンクリート製手洗器
28　改修前の旧補導室
29　改修後の旧補導室
30　ニッチ部分の設計原図（八幡浜市役所蔵）
31　改修前のニッチ部分
32　東校舎図書室の中柱

工事中の発見資料

復元工事をしている際に発見された特徴的な意匠を紹介する。

東校舎資料室（旧補導室）

建設当初の原図には、補導室となっている。この部屋は改修時には物置として使われていた。2004年9月の台風18号による屋根部分の被害があり、改修記録が残っている。天井は原図の銀揉み紙貼り仕上げを復元した。傷みの激しい南壁の金揉み紙と伊予絣の市松模様仕上げは保存し、その上から合板下地により、同材の復元を行った。

補導室という室名のイメージからは遠い意匠の詳細がわかり、松村正恒の設計思想を考える資料となった。28, 29

東校舎階段室踊り場のニッチ

ニッチは建設当初の原図に記載がなく、ダストシュートの竪空間である。ダストシュートは撤去し、電気配線のパイプスペースとした。

ニッチは工事中の聞き取り調査で建設当初の施工とわかり、保存した。黒に着色されたラワンベニヤ仕上げは修理した痕跡があり、塗装は最下部の芥子色を再現した。他の家具でも使われていたからである。30, 31

東校舎図書室

塗装調査で東校舎図書室の中柱が無彩色であったことが判明し、塗装下からは良質の杉柱が浮かび上がった。これは周辺の和洋が混在した意匠の解釈に影響する重要な発見でもあった。32

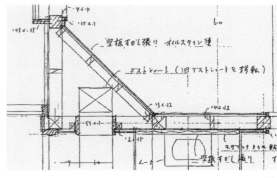

30

28

31

29

32

屋根瓦

屋根仕上げは建設当初から厚型スレート瓦である。築後50年の間でたびたび修理されていたことが瓦の厚さによってわかった。建設当初の瓦は、厚さが11mm以下であったが、修理瓦はJIS規格の変更にともない、12mm以上になっていた。この改修工事では、建設当初の瓦を56枚、外気の影響を受けない中校舎のケラバ下に保存した。

復元瓦については、改修工事の時点で製造している会社はなかったが、瓦業界への問い合わせで、当時の金型を持っている工場（依光工場、高知県）の存在が判明し、見事に復元できた。不思議なことに現在は製造していないにもかかわらずJIS規格は存在し、復元瓦はJIS規格作成という品質確保もなされた。

止め方は振動実験を行い地域基準以上超える基準風速50m-Sに耐えうる釘打ち施工をした。[33]

色彩着色は、建設当初の瓦裏に残っていた塗料で復元した。

建具・家具

中校舎・東校舎ともに外観意匠の特徴は繊細な割付けの木製ガラス戸で埋め尽くされている。したがって外部建具の傷みは激しく、建具金物の不具合も多数あった。

これら建具補修は1枚ごとに不具合部材を取り替え、必要な金物部品の追加および交換を行った。

建具の製作法は中校舎と東校舎で中桟仕口の組み方が異なっていた。建具職人の違いであろうと推測するが、それぞれの方法で修理および復元を行った。[34-36]

交換部品は戸車、追加部品はクレセント、戸当りバネ、保存部品は引き手、ネジ締まり錠である。

南側（川側）は網戸設置の要請が学校からあったため、建具枠を新設した。

〈建具に使用されていた硝子の種類〉

- 型板硝子：梨地、厚さ2mm
  （1952年〜日本板硝子製）
- 型板硝子：ダイヤ、厚さ2mm
  （1952年〜日本板硝子製）
- 網入型板：亀甲目網入、厚さ6.7mm
  （1952年〜日本板硝子製）
- 透明硝子：厚さ2mm（不詳）
- 色ガラス：厚さ2mm（不詳）

33

34

33　スレート瓦の耐風試験
34　ガラス戸の家具（校長室）
35　中校舎建具納まり図
36　東校舎建具納まり図

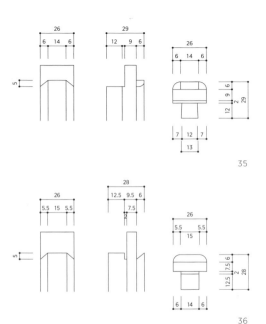

35

36

色彩について

　一連の松村建築は建物全体に塗装されていたのが特徴である。しかも色の塗り分けが部位ごとだけでなく同一部材にも行われていて複雑であることが多い。同一敷居の建具位置で塗り分け、建具も硝子面や角部で塗り分けていた。

　各部位の色彩は中校舎、東校舎ともに既存の部位・部材を調査し、建設当初のものを再現した。

　色彩調査は既存の上部色から順次削り、建設当初の色を推理した。しかし、この最下部色が当初の最終仕上げ色とはかぎらず、下地調整用のものもある。それを区別するために周辺の色調との整合性をとった。最も多い塗り重ね回数は東校舎の下屋柱の6回で、中校舎の外部鉄骨階段は5回であったが、整合性をとるために基本色は最下部の色彩にした。

　また、色相が経年変化の影響を受けるため、参考資料として現存の松蔭小学校東校舎（1955年、阿部信之設計）と、現存していないが江戸岡小学校（1954年、松村正恒設計）の着色木辺が保存されていたので参考にした。

　工事中に屋根板金裏からは3回の塗り替えの色ともに艶のある鮮明な色彩が発見され、柱の板金巻き下地からも元の色が発見された。

　中校舎と東校舎では同色であっても色相が異なっていた。37-40

37　竣工時の塗り分けられた鴨居
38　東校舎鉄骨階段の色彩塗り重ね
39　中校舎瓦棒の色彩の塗り重ね
40　江戸岡小学校の着色木片

38

39

37

40

現状変更した新設部材と復元部材の修理印および焼印

　新設材と復元材には「平成二十年度修補」の焼印を影部に押した。また、新設スレート瓦および新設床材のブナ縁甲板はゴム印を押した。41-43

現状変更した家具・建具の復元部材

　家具、建具を新規に復元した箇所は図面に記録した。44

41

42

43

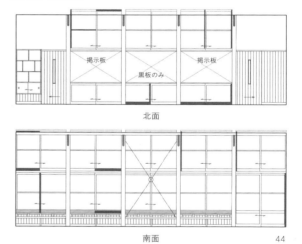

家庭科室・調理実習

44

41　焼印
42　ゴム印
43　焼印寸法
44　東校舎家庭科室の建具改修箇所の記録図

第1部
日土小学校校舎の保存と再生

第4章
場所別の再生手法

校舎全棟の配置と概要1
配置図

　中校舎は当初の姿に戻すことを基本にしつつ、職員室まわりを中心に機能的な要望を満たす改修をさまざまに行った。一方、東校舎は普通教室から特別教室へ用途を変更したものの、ほとんどの部分は当初の姿に戻している。また新西校舎は、建築と教育の両面において新しい考え方でデザインした。
　そうすることにより、日土小学校のなかには、過去・現在・未来という3つの時制がさまざまな濃度で存在することになり、東西に長く連なる3棟がタイムトンネルのような空間になった。

概要

中校舎
改修前　構造：木造　　　　　　　　階数：地上2階
　　　　建築面積：399.37m²　　　 床面積：643.58m²
　　　　軒高：8,362mm　　　　　　最高高：9,972mm
　　　　階高：3,636mm　　　　　　梁間：9,272mm
　　　　桁行：30,906mm　　　　　 軒出：909mm
改修後　構造：木造　　　　　　　　階数：地上2階
　　　　建築面積：435.90m²　　　 床面積：675.56m²
　　　　軒高：8,362mm　　　　　　最高高：9,972mm
　　　　階高：3,636mm　　　　　　梁間：9,272mm
　　　　桁行：30,906mm　　　　　 軒出：909mm

東校舎（トイレ棟・開放廊下含む）
改修前　構造：木造　　　　　　　　階数：地上2階
　　　　建築面積：478.26m²　　　 床面積：765.24m²
　　　　　　　　　　　　　　　　　（トイレ棟50.07m²含む）
　　　　軒高：7,030mm　　　　　　最高高：8,672mm
　　　　階高：3,636mm　　　　　　梁間：7,272mm
　　　　桁行：32,724mm　　　　　 軒出：909mm
改修後　構造：木造　　　　　　　　階数：地上2階
　　　　建築面積：449.47m²　　　 床面積：723.06m²
　　　　　　　　　　　　　　　　　（トイレ棟27.84m²含む）
　　　　軒高：7,030mm　　　　　　最高高：8,672mm
　　　　階高：3,636mm　　　　　　梁間：7,272mm
　　　　桁行：32,724mm　　　　　 軒出：909mm

新西校舎
改築後　構造：木造　　　　　　　　階数：地上2階
　　　　建築面積：346.58m²　　　 床面積：621.04m²
　　　　軒高：7,527mm　　　　　　最高高：9,255mm
　　　　階高：3,636mm　　　　　　梁間：16,100mm
　　　　桁行：18,630mm　　　　　 軒出：1,300mm

a

b

a　改修前全景
b　改修後全景

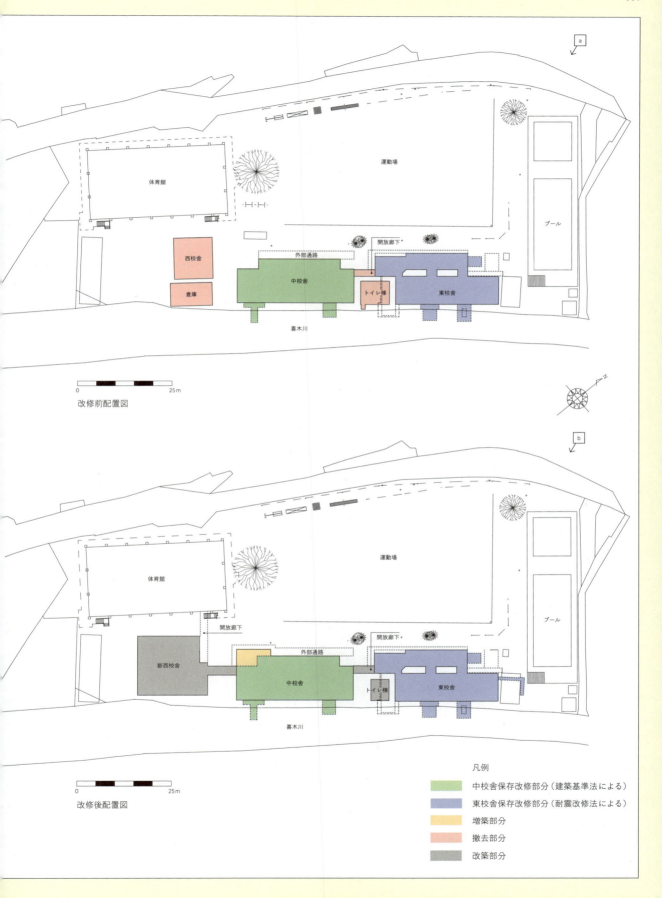

校舎全棟の配置と概要 2
1階平面図

中校舎では、職員室から運動場への視認性を高めることをおもな目的として、間仕切り位置や壁面デザインの変更を行った。また、給食の受け口部分を増築するとともに、昇降口を東校舎から職員室の前に移し、人や物の出入りを集約した。

東校舎は、普通教室から特別教室（理科室・家庭科室・図工室）へ用途を変更したが、意匠は原則として当初の状態に戻した。

中・東校舎の間にあるトイレ棟と渡り廊下は、それぞれ機能的、法的理由から、当初の意匠を意識しつつ、つくり直した。

西校舎は解体し、各階ふたつの普通教室がある新西校舎をつくった。川側にはウッドデッキをつくり、親水性を高めた。

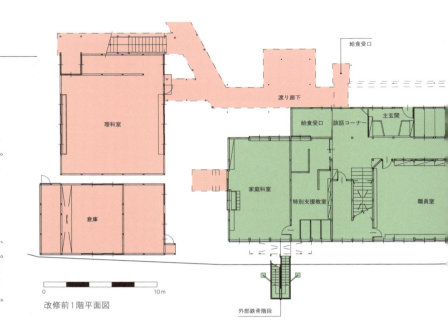

改修前1階平面図

新西校舎改築
1955年に建設された西校舎は、特別教室棟として使用していたが、老朽化のため解体し、普通教室棟として改築した。

中校舎
職員室を中心とした棟で、管理機能の充実と安全性を重視し、改修した。主玄関と給食受口部分を増築したが、外観を損なわぬよう配慮し、耐震改修によって構造の安全性も確保した。

外構
1956-58年の建設にともなう構造体は保存した。

凡例
- 中校舎保存部分
- 東校舎保存部分
- 増築部分
- 撤去部分
- 改築部分

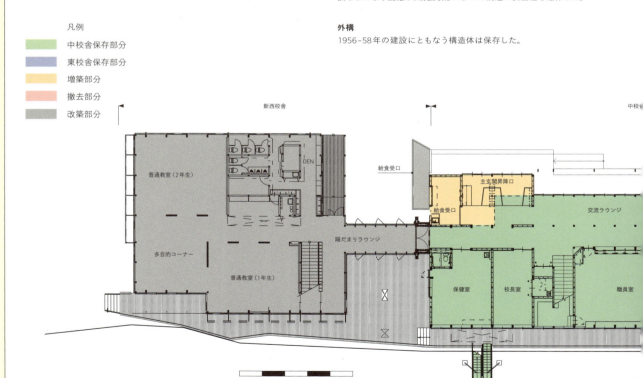

改修後1階平面図

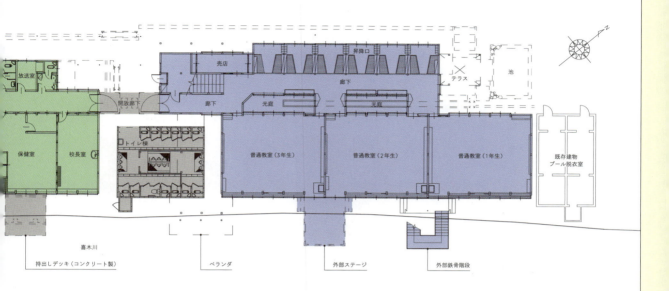

開放廊下
中校舎に接続した東校舎部分であったが、
構造耐力不足および建築基準法上の渡り廊下に
適合しないため改築した。外観は復元した。

トイレ棟
東校舎に接続した汲み取り式外部便所だったが、機能不足と
建築基準法上の中校舎間通路幅不足により規模を縮小し、
機能向上のうえ改築した。建物高さ・屋根形状は復元した。

東校舎
普通教室から特別教室に用途変更した。
耐震改修促進法により改修し、文化財としての
配慮を最重要に改修した。

外部鉄骨階段他
各教室から河川に突き出した構造物（5ヵ所）は
保存した（一部改修、復旧）。

東校舎

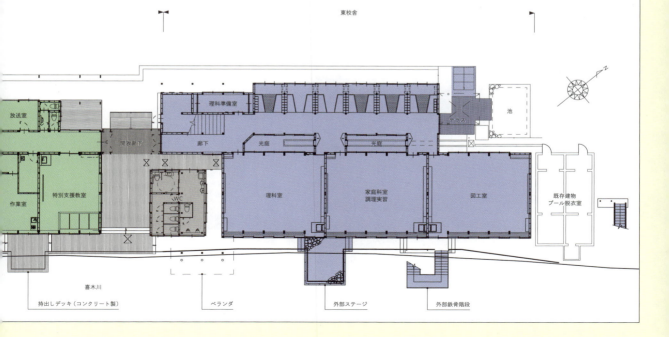

校舎全棟の配置と概要 3
2階平面図

　中校舎は、音楽室を改造して新西校舎へと通じる廊下と普通教室をつくった。さらにパソコン室を普通教室に、図書室をパソコン室に用途を変更した。

　東校舎は、普通教室を特別教室（音楽準備室・音楽室・多目的室）へ用途を変更したが、意匠は原則として当初の状態に戻した。

　中・東校舎の間にある渡り廊下に、法的理由から、当初の意匠を意識しつつ、つくり直した。

　西校舎は解体し、各階ふたつの普通教室がある新西校舎をつくった。

凡例
- 中校舎保存部分
- 東校舎保存部分
- 増築部分
- 撤去部分
- 改築部分

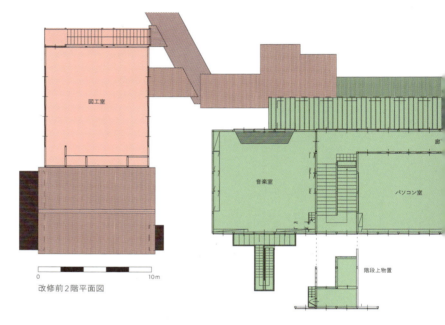

改修前2階平面図

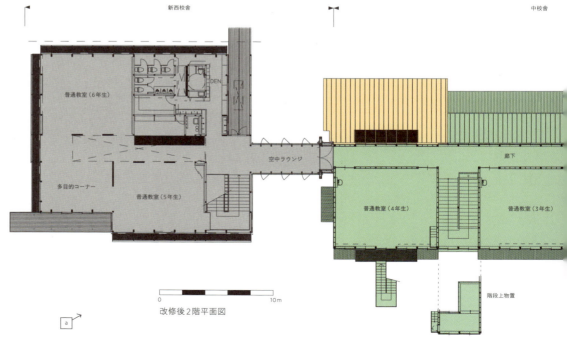

改修後2階平面図

a　改修後南側全景
b　改修後北側全景

中校舎諸室 1
1階主玄関・校長室・保健室周辺

このエリアは、機能的な理由から間仕切り変更をかなり行った。

家庭科室は改造して新西校舎への廊下をつくり保健室へ、また特別支援教室は校長室へ用途を変更した。

さらに昇降口から給食の受口まわりは増築したが、屋根部分の構造を既存部とは違える一方、壁面や昇降口のデザインは既存部を参照するなど、新旧の区別を明確化するとともに連続性も確保されるよう考慮した。

a 特別支援教室改修前：校長室へ改修
b 家庭科室改修前：保健室へ改修

改修前

床：ブナ縁甲板巾90mm張りオイルステイン塗装
腰壁：堅羽目板目すかし張りペンキ塗り
壁：ラワンベニヤ板張りペンキ塗り
界壁：土塗り壁（裏返し塗り）下地
天井：テックスボード目すかし張りペンキ塗り
建具：木製ガラス建具ペンキ塗り
外部鉄骨階段：ペンキ塗り

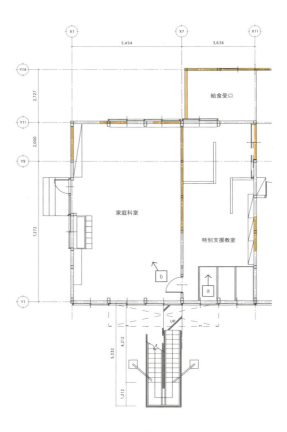

a

b

c

改修後

床：復元ブナ縁甲板張り浸透性木材着色塗装
腰壁：復元堅羽目板目すかし本実張りSOP塗装
壁：復元ラワンベニヤ板張りトノコ着色調整下地合成樹脂クリア塗装
界壁：新設準耐火壁下地（小屋裏部分は保存）
壁（校長室）：復元銀箔クロス張り
天井：復元ケイ酸カルシウム板目すかし張りEP塗装
天井（校長室）：復元銀箔クロス張り
建具・家具：現状建具の修理保存SOP塗装
外部鉄骨階段：既存修理保存

- 耐震補強部分凡例
- ① 耐力壁を補強した
- ② 非耐力壁を耐力壁にした
- ③ 耐力壁を現状使用した
- ④ 耐力壁を非耐力壁として保存した
- ⑤ 耐力壁を撤去した
- ⑥ 新設の間仕切りを耐力壁とした
- ■ 新設柱
- 増築部分
- 撤去部分

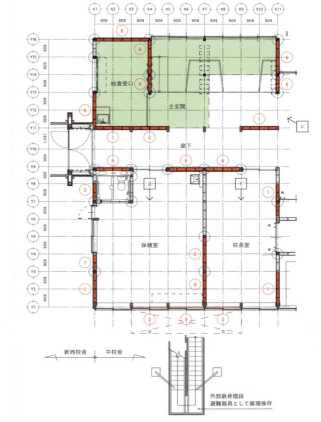

c 増築部分（主玄関・給食受口）：
　既存部分とは屋根構造で区別した。
　既存部分は垂木構造。増築部分は登り梁構造
d 保健室改修後：建設当初の仕上げおよび色彩を復元。
e 校長室改修後：建設当初の仕上げおよび色彩を復元。
　家具は旧校長室から移設改修

d

e

中校舎諸室 2
1階職員室・ラウンジ・階段室周辺

> 改修前

　職員室まわりは、運動場への視認性を高めるため、玄関と倉庫の間仕切りを撤去して開放的なラウンジにするとともに、職員室と廊下の間の家具付きの間仕切りを撤去してガラススクリーンとした。
　これによって、運動場と川とをつなぐ視界が生まれるとともに、コミュニカティブな学校の顔が誕生した。
　増築部分の内装や外部建具は、既存部を参照してデザインした。

床：ブナ縁甲板巾90mm張りオイルステイン塗装
腰壁：堅羽目板目すかし張りペンキ塗り
壁：ラワンベニヤ板張りペンキ塗り
界壁：土塗り壁（裏返し塗り）下地
天井：テックスボード目すかし張りペンキ塗り
天井（主玄関）：化粧野地板張りペンキ塗り
建具：木製ガラス建具ペンキ塗り

a 主玄関・廊下改修前：
　廊下を挟んで運動場側に倉庫があり、職員室からの視界を塞いでいる
b 階段改修前
c 職員室改修前

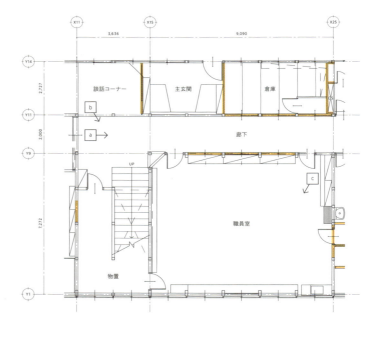

a

b

c

> 改修後

床：復元ブナ縁甲板張り浸透性木材着色塗装
床（職員室）：新設フロアカーペット張りフリーアクセスフロア
腰壁：復元堅羽目板目すかし本実張りSOP塗装
壁：復元ラワンベニヤ板張りトノコ着色調整下地合成樹脂クリア塗装
界壁：新設準耐火壁下地（小屋裏部分は保存）
天井：新設珪酸カルシウム板目すかし張りEP塗装
天井（ラウンジ）：保存垂木の上、新設野地板張りSOP塗装
建具・家具：現状建具の修理保存SOP塗装

■ 耐震補強部分凡例
① 耐力壁を補強した
② 非耐力壁を耐力壁にした
③ 耐力壁を現状使用した
④ 耐力壁を非耐力壁として保存した
⑤ 耐力壁を撤去した
⑥ 新設の間仕切りを耐力壁とした
■ 新設柱
■ 撤去部分

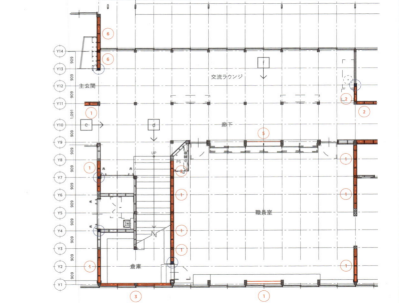

d 階段室改修後：既存を保存し、
　色彩は建設当初を復元
e 廊下改修後：倉庫を撤去し、職員室からの
　視界を良好にした。色彩は建設当初を復元
f 職員室・交流ラウンジ改修後：
　職員室廊下側のつくり付け家具を撤去、
　視界を良好にした。色彩は建設当初を復元

中校舎諸室 3
1階作業室・特別支援教室周辺

> 改修前

作業室と校長室の間の間仕切りは移動して広さを逆転させ、校長室は特別支援教室に用途を変更した。

作業室には、建設当初に和室の宿直室であった名残の床の間があり保存した。また特別支援教室の一部に畳を敷き、松村のデザインを参照した家具をつくった。

特別支援教室の前には、川側に新設したウッドデッキへと続くテラスを設け、外部での学習も可能にした。

ラウンジと運動場に面した部分には放送室を設け、子どもたちの活動が感じとれるようにした。

床：ブナ縁甲板巾90mm張りオイルステイン塗装
腰壁：堅羽目板目すかし張りペンキ塗り
壁：ラワンベニヤ板張りペンキ塗り
界壁：土塗り壁（裏返し塗り）下地
天井：テックスボード目すかし張りペンキ塗り
建具：木製ガラス建具ペンキ塗り

a 廊下改修前
b 保健室改修前
c 校長室改修前

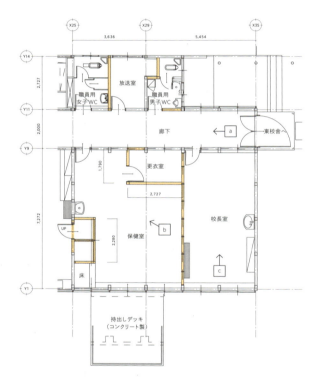

a

b   c

改修後

床：復元ブナ縁甲板張り浸透性木材着色塗装
床（職員WC）：新設Pタイル張り
腰壁：復元堅羽目板目すかし本実張りSOP塗装
壁：復元ラワンベニヤ板張りトノコ着色調整下地　合成樹脂クリヤ塗装
壁（放送室）：防音パネル18木材保護着色塗装
界壁：新設準耐火壁下地（小屋裏部分は保存）
天井：復元珪酸カルシウム板目すかし張りEP塗装
天井（放送室）：防音パネル18木材保護着色塗装
建具・家具：現状建具の修理保存SOP塗装
持出しデッキ：木製にて復元

■ 耐震補強部分凡例
① 耐力壁を補強した
② 非耐力壁を耐力壁にした
③ 耐力壁を現状使用した
④ 耐力壁を非耐力壁として保存した
⑤ 耐力壁を撤去した
⑥ 新設の間仕切りを耐力壁とした
● 新設柱
■ 撤去部分

d

d 廊下改修後：色彩は建設当初を復元
e 作業室改修後：建設当初は宿直室の
　和室床の間を保存。色彩は建設当初を復元
f 特別支援教室改修後：校長室を特別支援学級に改修。
　色彩は建設当初を復元。中央家具は新設

e　　　　　　　　　　　　　　　　　　　f

中校舎諸室 4
2階普通教室・階段室周辺

音楽室を改造して新西校舎へと通じる廊下と普通教室をつくった。音楽室の天井の形は保持し、その途中に他の教室に准じたデザインの掲示板と通風窓のある間仕切り壁を設置した。

廊下の踊り場上部には音楽室から小さな階段を登って入る物置があるが、内装が当初の材料や塗装のままであったので、竣工当時の様子を知る貴重な資料として、手を加えずそのまま保存した。

> 改修前

床：ブナ縁甲板巾90mm張りオイルステイン塗装
腰壁：堅羽目板目すかし張りペンキ塗り
壁：ラワンベニヤ板張りペンキ塗り
界壁：土塗り壁（裏返し塗り）下地
天井（廊下）：化粧野地板張りペンキ塗り
天井（教室）：テックスボード目すかし張りペンキ塗り
建具：木製ガラス建具ペンキ塗り

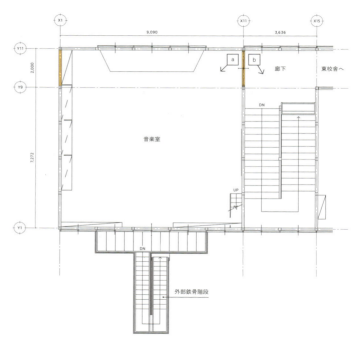

a 音楽室改修前
b 階段上部物置・階段改修前

a　　　　　　　　　　　　　　　b

> 改修後

床：復元ブナ縁甲板張り浸透性木材着色塗装
床（物置）：保存（美装のみ）
床（階段室前）：床下地保存
腰壁：復元堅羽目板目すかし本実張りSOP塗装
壁：復元ラワンベニヤ板張りトノコ着色調整下地合成樹脂クリヤ塗装
壁（物置）：保存堅羽目板下にケレン下地処理後SOP塗装
界壁：新設準耐火壁下地（小屋裏部分は保存）
天井：既存天井を保存し、その上から復元化粧石膏ボード・
吸音ボード突付け張りEP塗装
天井（物置）：保存テックスボードにケレン下地処理後EP塗装
建具・家具：現状建具の修理保存SOP塗装
外部鉄骨階段：修理保存（避難器具として）

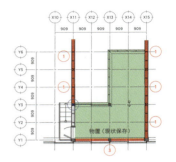

■ 耐震補強部分凡例
① 耐力壁を補強した
② 非耐力壁を耐力壁にした
③ 耐力壁を現状使用した
④ 耐力壁を非耐力壁として保存した
⑤ 耐力壁を撤去した
⑥ 新設の間仕切りを耐力壁とした
■ 新設柱
■ 撤去部分

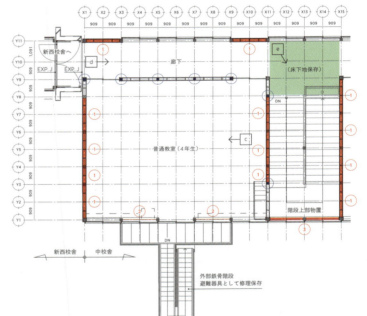

c 音楽室改修後：間仕切り壁を設置し、
　普通教室へ改修。建設当初の色彩を復元
d 音楽室改修後：間仕切り壁を設置した廊下。
　建設当初の色彩を復元
e 階段室改修後：建設当初の色彩を復元

c　　　　　　　　　　d　　　　e

中校舎諸室 5
2階普通教室・廊下周辺

> 改修前

パソコン室を普通教室に、図書室をパソコン室に用途を変更した。

それぞれの部屋および廊下は、当初の意匠に戻した。教室は、少ない生徒数に対応したスケールの学習空間とするために、中央部に木製棚を新設した。

床：ブナ縁甲板巾90mm張りオイルステイン塗装
腰壁：堅羽目板目すかし張りペンキ塗り
壁：ラワンベニヤ板張りペンキ塗り
界壁：土塗り壁（裏返し塗り）下地
天井（廊下）：化粧野地板張りペンキ塗り
天井（教室）：テックスボード張りペンキ塗り
建具：木製ガラス建具ペンキ塗り

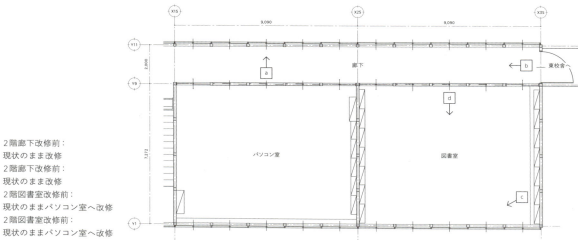

a　2階廊下改修前：
　　現状のまま改修
b　2階廊下改修前：
　　現状のまま改修
c　2階図書室改修前：
　　現状のままパソコン室へ改修
d　2階図書室改修前：
　　現状のままパソコン室へ改修

▶ 改修後

床：復元ブナ縁甲板張り浸透性木材着色塗装
床（パソコン室）：保存床の上、新設フロアーカーペット張りフリーアクセスフロア
腰壁：復元堅羽目板目すかし本実張りSOP塗装
壁：復元ラワンベニヤ板張りトノコ着色調整下地合成樹脂クリヤ塗装
界壁：新設準耐火壁下地（小屋裏部分は保存）
天井：復元珪酸カルシウム板目すかし張りEP塗装
天井（廊下）：保存垂木の上、復元野地板張りSOP塗装
建具・家具：現状建具の修理保存SOP塗装

■ 耐震補強部分凡例
① 耐力壁を補強した
② 非耐力壁を耐力壁にした
③ 耐力壁を現状使用した
④ 耐力壁を非耐力壁として保存した
⑤ 耐力壁を撤去した
⑥ 新設の間仕切りを耐力壁とした

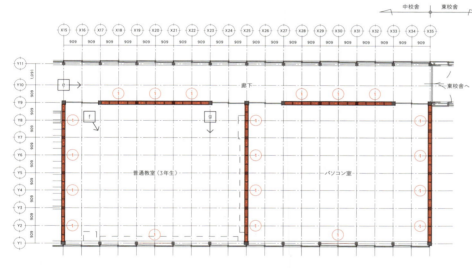

e　2階廊下改修後：
　建設当初の色彩を復元
f　普通教室（3年生）改修後：
　建具・家具は修理保存
g　普通教室（3年生）改修後：
　建具・家具は修理保存

東校舎諸室1
1階昇降口・ピロティ周辺

> 改修前

　東校舎が特別教室棟になったので、1階昇降口はその役割を終えたが、昇降口に設置されていた手洗いを撤去したり、光天井を復元するなどして、当初の状態の意匠に戻した。

　ただし、昇降口の土間部分を塞ぐ置き式のパネルを設け、上足で使えるようにした。

　東端部のピロティ周辺は、テラス等を当初の姿に復元した。

床：ブナ縁甲板巾90mm張りオイルステイン塗装
腰壁・壁：堅羽目板目すかし張りペンキ塗り
壁（廊下）：ラワンベニヤ板張りペンキ塗り
界壁：土塗り壁（裏返し塗り）下地
天井（昇降口）：テックスボード突き付け張りペンキ塗り
天井（廊下）：テックスボード突き付け張りペンキ塗り
平屋部大波スレート現し
建具：木製ガラス建具ペンキ塗り

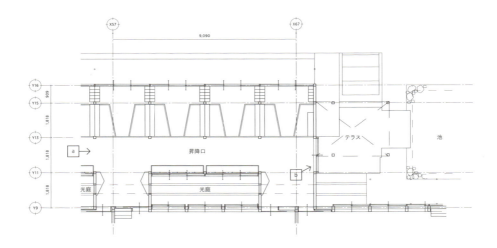

a　昇降口改修前：天井は石綿大波スレート現し。
　建設当初の採光天井は撤去されていた
b　テラス改修前

a　　　　　　　　　　b

改修後

床（昇降口）：一部復元モルタル金コテ磨き仕上げ
床（廊下）：復元ブナ縁甲板張り浸透性木材着色塗装
腰壁：復元堅羽目板目すかし本実張りSOP塗装
壁：復元ラワンベニヤ板張りSOP塗装
界壁：新設準耐火壁下地
天井（廊下）：復元珪酸カルシウム板目すかし張りEP塗装
天井（昇降口）：復元無石綿大波スレート現し水系反応硬化型ウレタン樹脂塗装
一部採光天井（ポリカーボネート）復元
建具・家具：現状建具の修理保存SOP塗装
テラス：木製デッキを復元

■ 耐震補強部分凡例
① 耐力壁を補強した
② 非耐力壁を耐力壁にした
③ 耐力壁を現状使用した
④ 耐力壁を非耐力壁として保存した
⑤ 耐力壁を撤去した
⑥ 新設の間仕切りを耐力壁とした
■ 新設柱

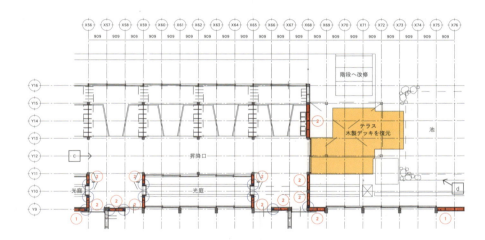

c 昇降口改修後：現状のまま改修。
  天井は無石綿大波スレート現しに改修。
  建設当初の採光天井（ポリカーボネート）および色彩を復元

d テラス改修後：改修復元。建設当時の色彩を復元

c

d

東校舎諸室 2
1階家庭科室・図工室周辺

改修前

3つの普通教室を特別教室（理科室・家庭科室・図工室）に変更した。内部の意匠は当初の姿に戻し、それぞれの部屋で必要な什器備品を設置した。元の黒板のまま表面を白板に変えたり、これまで使われてきたガラス戸棚を再利用するなどして記憶を継承する工夫もした。

外部の鉄骨階段は一旦切り離して工場に運び、慎重に補修した。なおこれは避難器具扱いとした。

床：ブナ縁甲板巾90mm張りオイルステイン塗装
腰壁・壁：堅羽目板目すかし張りペンキ塗り
壁：ラワンベニヤ板張りペンキ塗り
界壁：土塗り壁（裏返し塗り）下地
天井：テックスボード突き付け張りペンキ塗り
建具：木製ガラス建具ペンキ塗り

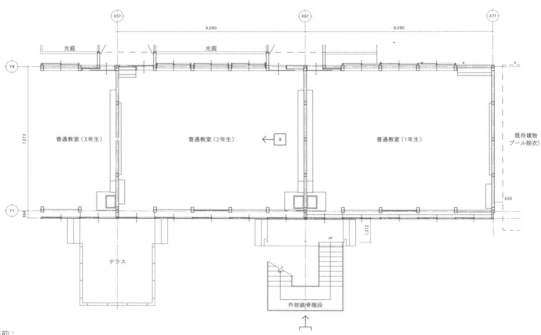

a 教室改修前：
 構造補強し、仕上げは再使用および復元
b 外部鉄骨階段改修前

a　　　　b

改修後

床：復元ブナ縁甲板張り浸透性木材着色塗装
腰壁：復元堅羽目板目すかし本実張りSOP塗装
壁：復元ラワンベニヤ板張りSOP塗装
界壁：新設準耐火壁下地
天井：復元珪酸カルシウム板目すかし張りEP塗装
建具・家具：現状建具の修理保存SOP塗装
外部鉄骨階段：修理保存（避難器具として）
外部ステージ：新設手摺りを付加

■ 耐震補強部分凡例
① 耐力壁を補強した
② 非耐力壁を耐力壁にした
③ 耐力壁を現状使用した
④ 耐力壁を非耐力壁として保存した
⑤ 耐力壁を撤去した
⑥ 新設の間仕切りを耐力壁とした
■ 新設柱

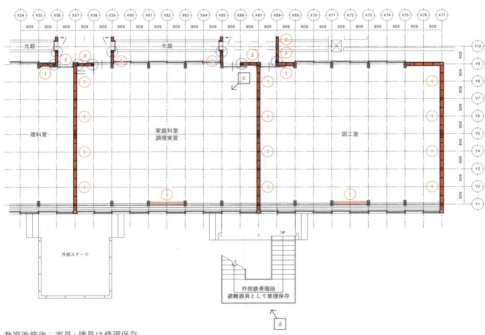

c 教室改修後：家具・建具は修理保存。
　トラス・頬杖は保存。建設当初の色彩を復元
d 外部鉄骨階段改修後：避難器具として修理保存

c　　　　　　　　　　　　　　　　　d

東校舎諸室 3
2階相談室・廊下周辺

基本的に当初の意匠に復元した。教室前の前室にある階段の踏み板は傷みもないので当初の材料を保存し、中央に描かれた白い線もそのままにした。

廊下の突き当たりにある相談室（旧補導室）は特徴的な意匠で、壁の一部が金揉み紙と伊予絣による市松模様になっていた。そこで、一部を保存してアクリル板で覆い、その他の部分は復元した。

改修前

床：ブナ縁甲板巾90mm張りオイルステイン塗装
腰壁・壁：堅羽目板目すかし張りペンキ塗り
壁：ラワンベニヤ板張りペンキ塗り
壁（物置）：ラワン材堅羽目板張り
金揉み紙＆伊予絣300mm角市松貼り
界壁：土塗り壁（裏返し塗り）下地
天井：化粧野地板張りペンキ塗り
天井（物置）：テックスボード突き付け張りペンキ塗り
建具：木製ガラス建具ペンキ塗り

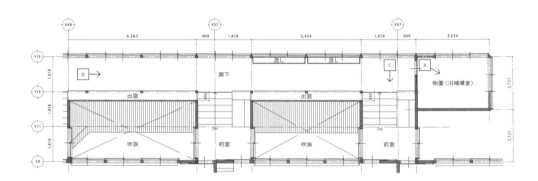

a　2階物置（旧補導室）改修前：
　　現状保存。建設当初の天井は改修されていた
b　2階廊下改修前
c　2階教室前室階段改修前

改修後

床：復元ブナ縁甲板張り浸透性木材着色塗装
床（資料室）：保存補修浸透性木材着色塗装
腰壁：復元堅羽目板目すかし本実張りSOP塗装
壁：復元ラワンベニヤ板張りSOP塗装
界壁：新設準耐火壁下地
天井（廊下）：保存垂木の上、復元野地板SOP塗装
天井（前室）：復元珪酸カルシウム板目すかし張りEP塗装
天井（資料室）：復元銀紙クロス張り復元
建具・家具：現状建具の修理保存SOP塗装

d

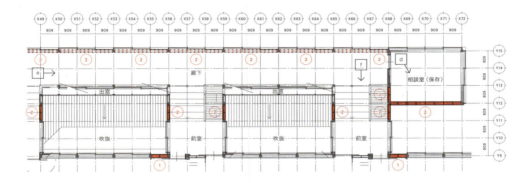

■ 耐震補強部分凡例
① 耐力壁を補強した
② 非耐力壁を耐力壁にした
③ 耐力壁を現状使用した
④ 耐力壁を非耐力壁として保存した
⑤ 耐力壁を撤去した
⑥ 新設の間仕切りを耐力壁とした

d 2階相談室（旧補導室）改修後：
　床・壁は保存。金揉み紙と伊予絣の市松壁は既存仕上の上に復元。一部既存壁仕上の上にアクリル板でカバーし、旧仕上も確認できる
e 2階廊下改修後：建設当初の色彩を復元
f 2階教室前室階段改修後：階段板は保存。建設当初の色彩を復元

e

f

東校舎諸室 4
2階音楽室・多目的室周辺

> 改修前

3つの普通教室を特別教室（音楽準備室・音楽室・多目的室）に変更した。基本的に当初の意匠に復元したが、音楽室と音楽準備室の間には出入り口を設けた。

また避難路を確保するために、多目的室に外部階段への出入り口を設けた。

モザイクタイル貼りの手洗い器は当初のものを補修し、その下の床は当初の市松模様を復元した。また、川側の窓に設置されていた簾も、当初のような市松状にロールスクリーンで復元した。

床：ブナ縁甲板巾90mm張りオイルステイン塗装
腰壁・壁：堅羽目板目すかし張りペンキ塗り
壁：ラワンベニヤ板張りペンキ塗り
界壁：土塗り壁（裏返し塗り）下地
天井：化粧野地板張りペンキ塗り
建具：木製ガラス建具ペンキ塗り

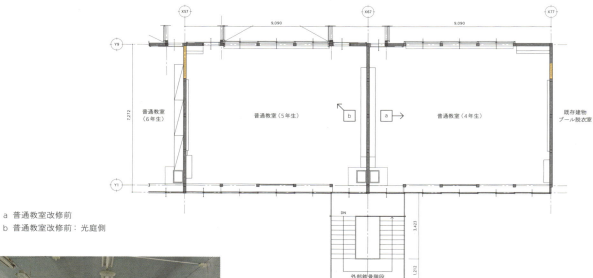

a 普通教室改修前
b 普通教室改修前：光庭側

a

b

d

> 改修後

床：復元ブナ縁甲板張り浸透性木材着色塗装
床（手洗器）：復元Pタイル張り
腰壁：復元堅羽目板すかし本実張りSOP塗装
壁：復元ラワンベニヤ板張りSOP塗装
界壁：新設準耐火壁下地
天井：復元珪酸カルシウム板目すかし張りEP塗装
建具・家具：現状建具の修理保存SOP塗装
外部鉄骨階段：既存修理保存

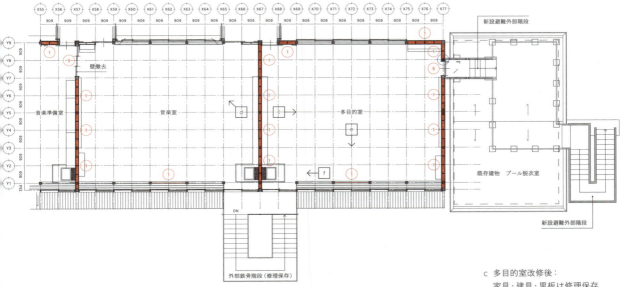

耐震補強部分凡例
① 耐力壁を補強した
② 非耐力壁を耐力壁にした
③ 耐力壁を現状使用した
④ 耐力壁を非耐力壁として保存した
⑤ 耐力壁を撤去した
⑥ 新設の間仕切りを耐力壁とした
■ 新設柱
■ 撤去部分

c 多目的室改修後：
家具・建具・黒板は修理保存。
建設当初の色彩を復元
d 音楽室改修後：光庭側
e 川側改修後：建設当初のように
すだれを市松状に設置
f 手洗器改修後：
タイル製手洗器修理保存

東校舎諸室 5
2階図書室周辺

> 改修前

　図書室は、工事前には書棚等が撤去され児童会室として使われていたが、書棚、家具、壁面仕上げ、建具、ランプ照明（LED電球）などすべて当初の姿に復元し、再び図書室として使えるようにした。

　書棚上部には輪切りにした竹を固定して描かれた星座模様と間接照明、天井は手斧がけの梁に銀籾み紙貼り、窓には障子、テラス側の建具には色ガラス、垂れ壁には焼き杉板が使われるなど、興味深い意匠の空間である。子ども用の机と椅子も松村の設計であり、当初のものに加え、同じ意匠で製作して設置した。

階段室
踏板：松350×30mm オイルステイン塗装
腰壁・壁：堅羽目板目すかし張りペンキ塗り
界壁：土塗り壁（裏返し塗り）下地
天井：化粧野地板張りペンキ塗り
建具：木製ガラス建具ペンキ塗り

児童会室
床：ブナ縁甲板巾90mm張りオイルステイン塗装
腰壁：堅羽目板目すかし張りペンキ塗り
壁：ラワンベニヤ板張りペンキ塗り
（背面：ビニールクロス張り）焼杉堅羽目板張り
界壁：土塗り壁（裏返し塗り）下地
天井：銀紙クロス張り一部化粧合板張り
建具：木製ガラス建具ペンキ塗り

ベランダ
床：桧板張りペンキ塗り
手摺：丸鋼製、木製ともペンキ塗り
天井：テックスボードペンキ塗り
建具：木製ガラス建具ペンキ塗り

a　ベランダ改修前：修理復元
b　児童会室改修前：当初の図書室へ復元
c　階段室改修前
d　図書室建設当初：本棚・ベンチ・竹星・ランプなどがある（日本建築学会蔵、松村家旧蔵）

改修後

階段室
踏板：既存踏板部分補修保存
壁：新設竪羽目板目すかし張りSOP塗装
界壁：新設準耐火壁下地
天井：保存垂木の上、新設野地板張りSOP塗装
建具・家具：現状建具の修理保存SOP塗装

図書室（建設当初に復元および保存）
床：既存床ケレン下地処理後浸透性木材着色塗装
腰壁・壁：土壁、焼杉堅羽目板張りを保存
壁：既存ラワンベニヤの上から新設ラワンベニヤ板張り
トノコ下地クリア塗装、竹星を復元
天井：既存の上、銀紙クロス張り
一部アクリル板にて既存保存
建具・家具：現状建具の修理保存SOP塗装
造作家具：建設当初のベンチおよび本棚を復元

ベランダ
床：新設桧板張りSOP塗装
手摺：既存ケレン下地処理後SOP塗料保存
天井：新設珪酸カルシウム板EP塗装
ベンチ：既存ケレン下地処理後SOP塗装保存

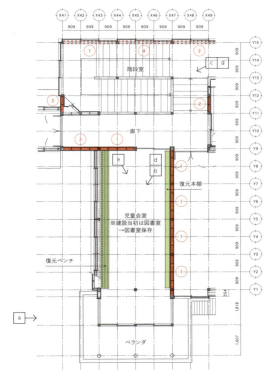

改修前・改修後とも、平面同じ

■ 耐震補強部分凡例
① 耐力壁を補強した
② 非耐力壁を耐力壁にした
③ 耐力壁を現状使用した
④ 耐力壁を非耐力壁として保存した
⑤ 耐力壁を撤去した
⑥ 新設の間仕切りを耐力壁とした
■ 復元家具

e 図書室改修後：
　仕上げ・家具・竹星・ランプなど、建設当初に復元
f ベランダ改修後：建設当初の色彩を復元
g 階段室改修後：階段部材などはすべて保存。
　建設当初の色彩を復元

e

f

g

新西校舎のデザイン1
外観

　新西校舎は、東・中校舎に隣接しており、松村正恒の建築が持つ精神性の現代的翻訳と旧校舎との調和、旧校舎に敬意を示すことをテーマとして計画された。

　外観は、旧校舎と分離するのではなく、ほどよい距離を保ちながら、敷地全体の配置のなかで機能的にも空間的にも連続性を与えることをめざした。旧校舎と同様に水平線を強調した立面と共有空間を川側に配置した平面プランは、旧校舎の喜木川への親水性を増し、緑豊かな環境を最大限に生かす手法を引き継いだものである。繊細で瀟洒な佇まいは、決して華美でもなく、旧校舎、周辺環境と同化したものになった。

　室内計画は、各階2教室が多目的コーナーを共有するオープン形式とし、新しい学習環境に対応できる学習空間と共有空間を計画した。

　旧校舎にはない教師ステーションを設け、子どもと教師のコミュニケーションを生み出すとともに、多様な学習に対応できるよう、教材や資料の収納スペースも十分に確保してある。

　また、柔軟性のある学習空間を実現するために、家具はすべて移動式とし、教室の窓廻りの仕掛けとして、旧校舎からさらに発展させたカウンターを設けた。

　共有スペースのすべてにわたって、子どもたちの成長にともなう情報との出会いやコミュニケーションの機会が生まれるべく多様な空間を設けた。

　新しい学習環境、安全性、構造、環境性能、維持管理などの面から緻密に配慮した新西校舎は、これからの学校建築としてのあり方を示唆する建築をめざしたものである。

建築概要

構造：木造一部鉄骨造
基礎：布基礎
階高：地上2階
最高高さ：9.255m
最高軒高：7.527m
建築面積：346.73㎡（104.88坪）
延床面積：621.04㎡（187.86坪）

外部仕上げ
屋根（大屋根）：
ガルバリウム鋼板 t=0.4堅ハゼ葺き
ハゼ h=30
ゴムアスルーフィング 22kg品
構造用合板 t=12
野垂木 60x90@303（妻側60x90 p455）
押出ポリスチレンフォーム t=30
（野垂木間）空気層 t=60
軒裏：珪酸カルシウムボード
t=10 EP塗装

外壁（防火壁部）：
断熱サイディング貼り t=15
透湿防水シート
繊維混入珪酸カルシウムボード貼り t=12+15
胴縁 C100x50x3.2
建具：外部用木製断熱サッシ（網戸共）
トップライト

内部仕上げ（普通教室）
床：カバザクラ
フローリング W=75mm t=15mm
本実 ワックス仕上げ
壁：カラーフェルト t=1mm
接着貼り 建具障子部
化粧珪酸カルシウム板 t=6mm
腰壁：有孔シナベニヤ t=5.5mm
目透かし張り
水性ステイン保護塗装（ツヤ消し）
天井：化粧吸音PB t=9.5mm

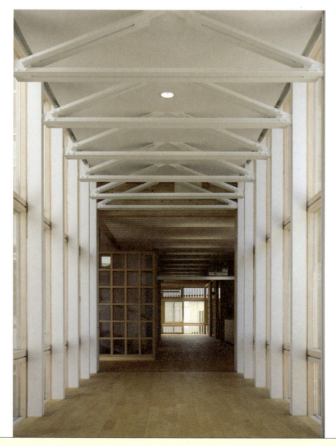

a

b

c

a 中校舎からの渡り廊下
b 喜木川から望む。
　左より新西校舎・中校舎・東校舎
c 西側全景
d 南側全景

1 断面図 1/300

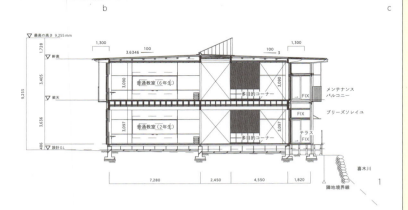

d

新西校舎のデザイン 2
内部空間

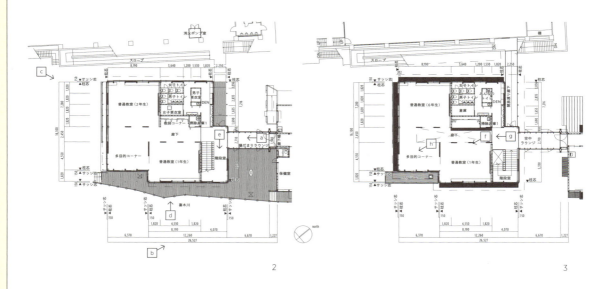

e 図書コーナーとしての階段室
f 連続性を持たせた学習空間
g トップサイドライトに照らされた中廊下
h 2教室共有の多目的コーナー

2 1階平面図 1/600
3 2階平面図 1/600

f

g

h

色彩調査・改修結果

色彩調査結果

中校舎

場所	色	コード	マンセル	赤	緑	青
外壁リシン	桜	E05-90B	5R 9.2/1	243	228	227
スレート瓦、板金瓦棒、波スレート	若草	D35-70H (2008年D版)	5GY 7/4	169	175	121
軒天、鼻隠し、破風	ベージュ	E19-90B	10YR 9/1	234	224	213
R		E09-80D	10R 8/2	219	191	182
B		E65-80A	5B 8/0.5	192	198	200
GY		E32-80D	2.5GY 8/2	202	199	169
YR		E19-90B	10YR 9/1	234	224	213
N		EN-30	N3	27	0	19
ラウンジ 垂木 梁		E19-80A	10YR 8/0.5	201	196	191
柱 緑		E37-50L	7.5GY 5/6	95	129	63
旧家庭科室 Y11柱下		E45-70A	5B 8/0.5	164	171	168

色彩改修結果

中校舎

場所	色調	（社）日本塗料工業会 (2009年E版 日本ペイント 一部をのぞく)
外壁リシン	桜	E05-90B
スレート瓦、板金瓦棒、波スレート	若草	D35-70H (2008年D版)
軒天、鼻隠し、破風	ベージュ	E19-90B
建具、敷居・鴨居、枠、見切り、壁、巾木、柱、梁・桁、母屋、鉄部の基本色の基本色	桜	E09-80D
	ブルーグレー	E65-80A
	若草	E32-80D
	黄	E19-90B
階段手摺、廊下手摺、外部廊下鉄骨柱	黒	EN-30

東校舎

場所	色	コード	マンセル	赤	緑	青
外壁リシン	若草	E35-85B	5GY 8.5/1	212	212	198
スレート瓦、板金瓦棒、波スレート	若草	D35-70H (2008年D版)	5GY 7/4	169	175	121
軒天、鼻隠し、破風	ベージュ	E19-90B	10YR 9/1	234	224	213
R		E09-80F	10R 8/3	229	189	175
	水色	E45-70A	5B 8/0.5	164	171	168
GY		E32-80D	2.5GY 8/2	202	199	169
柱 緑		E42-30H	2.5G 3/4	35	81	57
		E22-70V	2.5Y7/12	218	162	0

東校舎

場所	色調	（社）日本塗料工業会 (2009年E版 日本ペイント 一部をのぞく)
外壁リシン	若草	E35-85B
スレート瓦、板金瓦棒、波スレート	若草	D35-70H (2008年D版)
軒天、鼻隠し、破風	ベージュ	E19-90B
建具、敷居・鴨居、枠、見切り、壁、巾木、柱、梁・桁、母屋、鉄部の基本色	桜	E09-80F
	ブルーグレー	E45-70A
	若草	E32-80D
外部独立柱、階段手摺・柱、1階廊下手摺、2階廊下窓台	深緑	E42-30H
竹輪小口、ニッチ、棚の背板	カラシ	E22-70V

日土小学校
2012年9月27日、28日
写真：山岸 剛

第2部
工事記録

工事の内容

工事概要——改修・改築に至る経緯と方針

　日土小学校は、中校舎が1956年に、東校舎が1958年に完成した。築年数が50年に迫った前後から、耐震性能や現代的教育環境あるいは設備上の問題として、行政や保護者から改修改築の話題が出されるようになった。それが表面化したのは、2004年9月の台風18号による被害が与えた影響が大きい。

　行政・保護者・地域住民を巻き込んでの保存改修か、改築かの議論は激烈をきわめ、混迷に陥った。

　保存再生か改築かの議論を収束させたのは、2005年9月に設置した「八幡浜市立日土小学校再生検討委員会」（八幡浜市教育委員会）による精力的な検討である。保護者・地域住民・市民・学識経験者を交えた真摯な議論の末に、2006年3月に最終的な結論が得られた。

　そのポイントは以下のとおりである（一部抜粋）。

- 東校舎は改修とする。
- 中校舎は不足教室を増築し、既存部分は改修として一体化を図る。
- 東校舎の主要室は特別教室とし、中校舎に一般教室を配置する。
- 職員室の位置は現中校舎の前あたりにする。

そして結びとして、

- 安心安全な学校となるように、また地域住民が一致協力できるように、地元の大切な文化資産として誇れるような環境づくりに努力すること。
- 今後の実務作業に先立ち、計画立案のための、基礎、構造部材、その他計画を進めるにあたって、必要と思われるものを専門機関と協議のうえ早急に現況調査すること。

　答申により、保存改修・改築の方向性が明示され、次なるステップである現況調査と改修・改築基本計画の策定が、八幡浜市教育委員会から日本建築学会四国支部に委託され、ようやく具体化される運びとなった。

　日本建築学会四国支部は、日土小学校保存再生特別委員会（委員長：鈴木博之東京大学教授）を組織し、現況調査と計画策定に当たった。作業は、2006年夏から始まり、教育委員会、保護者、地域住民の意見を聞きながら慎重に進められた。その結果、以下のような基本方針のもとで基本計画がまとめられた。

〈計画の基本方針〉
　a　現代的な教育環境の実現
　b　重要文化財をめざした改修
　c　安全・安心で健康的な校舎づくり

　いずれも相互に深く連動し、しかも単純には両立させることが難しい事柄である。しかしその困難さは、まさに、歴史的環境や人びとの記憶を継承しつつ、子どもの教育空間・生活空間をどうデザインしていくかという現代的な課題の難しさに一致する。そうした3つの方針を具体化するための計画上の判断は以下のとおりである。

a　現代的な教育環境の実現

　日土小学校の中校舎および東校舎が、日本の近代建築史を語るうえできわめて重要な存在であることはいうまでもない。

　しかし、変化する社会のなかで現役の小学校として使い続けるには、当初の姿を守るだけでは十分とはいえず、歴史的・文化的価値を損なわない範囲において、現代的な教育環境を提供できる建築へと変化させる必要がある。

　そこで今回の基本計画においては、新たな校舎（新西校舎）を別棟で改築し、そこに最新の学習空間を確保するとともに、中校舎および東校舎に適度な改修と使い方の変更を加えることで、全体としてこれまで以上に豊かな学校空間を出現させようと考えた。

　ときを経たふたつの校舎と新校舎とが共存し、互いに連動しつつひとつの学校として機能していく姿は、スクラップ・アンド・ビルドを優先した時代が終わった後の、過去の遺産との共生をテーマとする現代社会の環境形成手法として、貴重な手本となるに違いない。そのような複合的な空間こそが、教育環境の本来的な姿だともいえるだろう。

b　重要文化財をめざした改修

　日土小学校保存再生特別委員会は、日土小学校の中校舎および東校舎が、わが国の重要文化財に相当する価値をもつ建築であると判断した。またその意見を受けた八幡浜市も、重要文化財指定をめざすことを公表している。

　したがって、中校舎および東校舎の改修計画は、重要文化財指定を前提として立案した。具体的な提案はすでにくわしく書かれているが、材料や構法のオリジナリティの保存から図面や画像等による保存まで、さまざまな手法を視野に入れ、歴史的・文化的価値が継承されるように配慮した。

c　安全・安心で健康的な校舎づくり

　近年、学校の安全性については、外部侵入者による犯罪から建築材料による健康被害まで、幅広い問題が指摘されている。本計画においても、職員室からの視認性向上、手摺高さの調整、自然素材の採用など、可能なかぎりの配慮をした。それによって地域社会や外部環境と学校との関係が分断されることのないような計画とした。

　また、中校舎および東校舎の改修計画においては、現況調査にもとづき、主要構造から設備や内外装や建具等までの補強や更新を提案し、自然災害や人為的事故に対し、可能なかぎり問題のない仕様の確保を行った。また新西校舎と既存校舎との間の防火区画等の法的問題にも適正に対応している。

　とくに「b　重要文化財をめざした改修」に関連しては、計画策定途中において、文化庁との協議を複数回重ね、「遺すべきもの」について慎重な議論を行い、また技術的にもそれらが可能なことを確認した。

　2007年8月には、基本計画にもとづいて八幡浜市教育委員会から実施設計が発注され、翌年3月には改修・改築設計が完了した。基本計画を忠実に履行する方向で設計を進めるものの、細部については困難な問題が多々生じた。日土小学校の最も重要

な部分である喜木川からの景観を保全するための措置については、愛媛県土木部河川課との協議が必要であったし、避難路等の確保に関しては建築基準法上の制約が横たわり、難問解決には関係諸機関との協議を余儀なくされた。また、実施設計で具現化する「保存」のあり方・方法については、文化庁からいくつもの注文がつき、これも協議に時間を要した。

　これらは、次なる改修・改築工事（2008年9月〜2009年6月）のなかでも困難な作業を生んだわけだが、日土小学校保存再生特別委員会による慎重な監修作業等により何とか順次解決を見た。そして、特別教室として機能を転換し、しかしオリジナルを忠実に再現した「東校舎」、職員室を中心に安全性機能性を高めた「中校舎」、先端的現代的教育環境を構築した新しい「新西校舎」の3つの校舎が完成した。

　2005年秋に始まる八幡浜市立日土小学校再生検討委員会での議論から、現況調査、基本計画の策定、実施設計、改修・改築工事への道のりはじつに長くかつ困難であり、しかし、あっという間の時間であった。多くの方々——行政関係者、保護者、地域住民、工事を含む建築関係者——の協力により、日土小学校の持つ「authenticity（＝真正であること）」が貫かれ、「重要な文化財」として「使い続ける学校」にようやく生まれ変わったといえよう。

第2部

工事記録

第5章
中校舎改修工事

中校舎は、竣工時には、ふたつの普通教室以外に、職員室、工作室、音楽室、校長室、放送室などがあった建物である。改修工事の前には、工作室は家庭科室、ふたつの普通教室はパソコン室と図書室になっていた。改修にあたっては、職員室から運動場への視認性を高める必要から1階の職員室まわりを、新西校舎への通路を設ける必要から2階の音楽室まわりを、それぞれ改造した。

外観

　外観は原設計に戻すことを基本とするが、中校舎では平面計画上の変更が多く、それが外観に大きな影響を与えないよう慎重に改修案を作成し工事をおこなった。

北側外観（上：改修前、下：改修後）
北面（運動場側）の1階では、学校としての安全性を重視し、職員室から運動場への視認性を高めるために開口部を大きくするとともに、東校舎から中校舎へ昇降口を移すために若干の増築を行った

南側外観（上：改修前、下：改修後）
南面（川側）では、2階の教室部分において、アルミサッシに変わっていた外部建具と、撤去されていた日除けルーバーとを原設計の通りに復元した

東面では、1階で元の校長室と保健室の一部を改修して特別支援教室とし、新たな開口部を設けた

西面では、1階で元の家庭科室を改修して保健室とし、その開口部を変更した。2階では新西校舎廊下との接続のために1・2階の壁に開口部を設けた

解体工事

　解体工事は、家具→建具→屋根のスレート瓦→天井→壁→床の順に行い、工事中の構造負荷を減らした。

　工事と並行して各所を調査し、保存する部位・部材と処分する部位・部材との仕分けを検討した。そして再使用しないものはリスト化し、重要なものは保存した。

　また、再使用できる重要な部位・部材は解体せずに現存状態で保存し、新たな仕上げをその上に施した。解体処分する部位・部材は、その内容を記録した。

　なお、階段室上部にある旧音楽室用の物置は、当初のままの内装を保存するために、壁全体を切り取る大バラシ工法で解体し、耐震補強などを行ったうえで復旧することにより、塗装や金物なども保存した。

2階の床、壁を撤去

屋根のスレート瓦を撤去

解体と同時に、各所の腐朽具合などを調査した

2階の天井を撤去

中校舎の階段室の上部にある物置の壁を
大バラシ構法で解体している様子

基礎工事

　現状調査の段階で布基礎が無筋コンクリートであることが判明したため、支持地盤の強度を確認した後、新たに鉄筋コンクリート基礎を現在の基礎に沿わせて打設するなどして補強した。

　床の解体中に、土台、大引および柱の蟻害や腐食状態を調査したが、階段室の床下の一部に蟻害部分が発見されたため撤去、交換を行った。

　床下の土間コンクリートは新設して防湿対策を施し、床束の基礎とした。

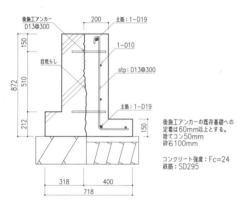

既存基礎の補強例。アンカー筋を入れ、既存基礎に補強基礎を沿わせて打設

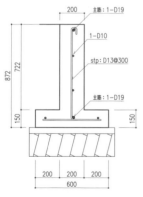

新設基礎の例

基礎工事の様子
a　既存の布基礎の周囲を掘削
b　既存基礎にアンカー筋を設置
c　補強基礎の配筋を行う
d　補強基礎完成

躯体・軸組工事

　木軸部の傾斜や床の不陸を補正する工事（＝建てり起こし）は、各階ごとの横架材間で行った。
　構造補強計画は、既存の木造軸組部（土台、柱、梁、桁、小屋組など）を保存する前提で作られているので、部分的な腐食、割れ、ねじれ、欠落の補修や補強を行った。
　2階床の鉄骨トラスは、無塗装にもかかわらず錆もない状態だったので現状保存とした。

建てり起こしの作業

階段室上部の物置の補強

2階普通教室（旧音楽室）の既存筋交いの様子

保存した鉄骨トラス

躯体・軸組の耐震補強工事

構造は、耐震改修促進法にもとづき、日本建築防災協会の耐震判定を受けた。

耐震補強の多くは、既存土壁を撤去して壁筋かいと構造用面材で補強し、当初の意匠を損なわないよう、柱面内で施工した。

1階の耐力壁

1階の耐力壁の補強・新設の詳細を、職員室まわりを例に示す。壁の両面を補強した耐力壁（PW1）と2連の鉄筋ブレース（2×PW14）である。

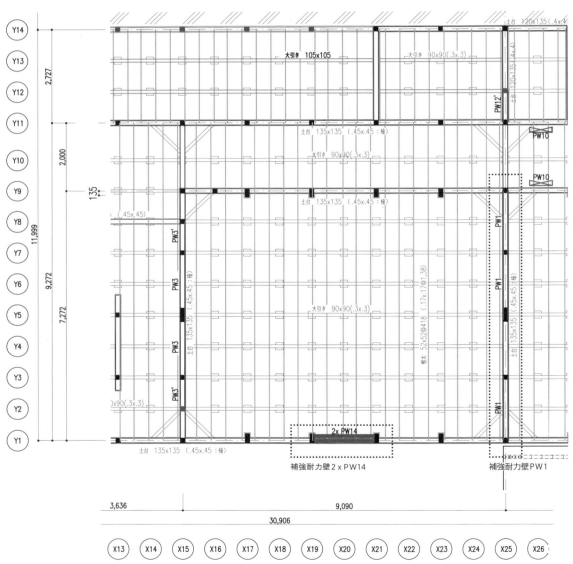

中校舎1階床伏図

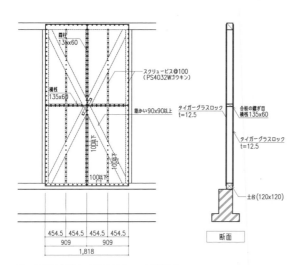
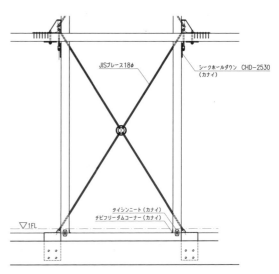

壁の両面を補強した耐力壁（PW1）詳細図

2連の鉄筋ブレース（2×PW14）

PW1の改修前後の比較
上　改修前。もとの壁を剥がして土壁を撤去した様子。
木製筋かいがはいっているが、端部の金物は不十分である。
下　改修後。土壁を撤去した後、筋かい継ぎ手をプレートで補強し、
繊維強化石膏ボード（タイガーグラスロック）を全面に貼った
（写真は施工途中）

2×PW14の改修前後の比較
上　改修前。元は16mmΦの鉄筋ブレースがひとつ設置されていた
下　改修後。元のブレースを撤去し、新たに作った18mmΦの
ブレースを2連設置した。中央のリングはリブ付きの新しいもので、
ブレース端部の金物も新設した

躯体・軸組の耐震補強工事

2階の耐力壁

　2階の耐力壁の補強・新設の詳細を、パソコン室まわりを例に示す。壁の両面を補強した耐力壁（PW2b）、壁の片面を補強した耐力壁（OW2）、意匠を変更した耐力壁（PW13）、鉄筋ブレース（PW14）である。

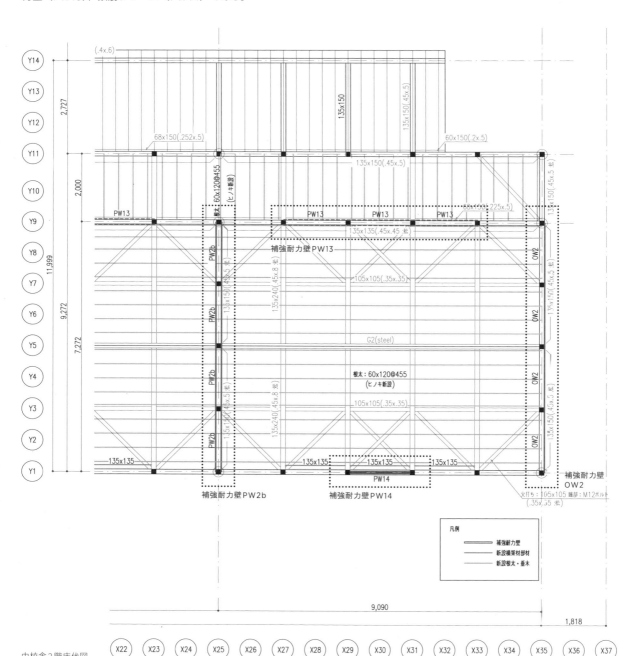

中校舎2階床伏図

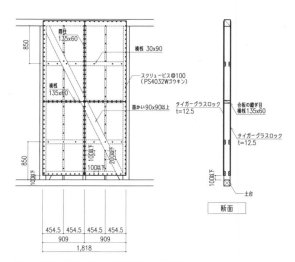
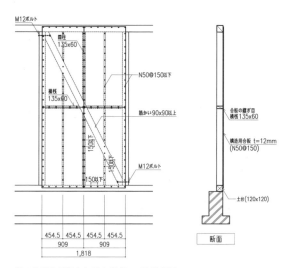

壁の両面を補強した耐力壁(PW2b)詳細図

壁の片面を補強した耐力壁(OW2)詳細図

PW2bの改修前後の比較
上　改修前。土壁と筋交いの様子
下　改修後。土壁を撤去した後、筋交い継ぎ手をプレートで補強し、繊維強化石膏ボード(タイガーグラスロック)を全面に貼った
　　(写真は施工途中)

OW2の改修前後の比較
上　改修前。元の壁を剥がして土壁を撤去した様子
下　改修後。筋交い端部はM12ボルトで補強した。外壁側の構造用合板は12mm厚・N50釘・@150mm打ちである

躯体・軸組の耐震補強工事

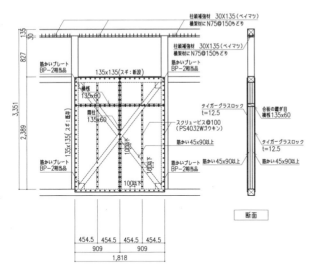

意匠を変更した耐力壁（PW13）詳細図

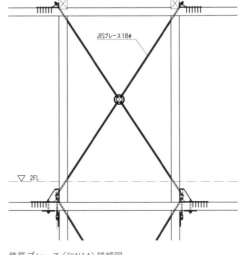

鉄筋ブレース（PW14）詳細図

PW13の改修前後の比較
上　改修前。元は上部欄間はガラス引き戸、中間部は掲示板の壁、下部には板戸の下地窓という意匠であり、非耐力壁であった
下　改修後。下部の下地窓部分を撤去し、たすき掛けの筋交い（45×90mm）を設けた。筋交い端部には新しい金物を設置し、上部欄間以外の両面に繊維強化石膏ボード（タイガーグラスロック）を貼り、耐力壁とした（写真は施工途中）

PW14の改修前後の比較
上　改修前。元は柱と梁のみの非耐力壁であった
下　改修後。18mmΦの鉄筋ブレースを新設し、耐力壁とした

柱頭・柱脚金物

柱脚金物詳細図

柱脚の改修前後の比較
上　改修前。元は、柱と基礎との接合金物はない
下　改修後。補強金物とホールダウン金物を耐震Jケーブルで結び補強した。柱頭についてもホールダウン金物による補強を行った

リング付き鉄筋ブレース端部金物

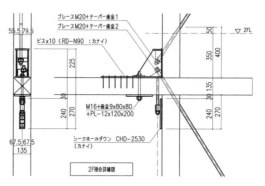

リング付き鉄筋ブレース端部金物詳細図

リング付き鉄筋ブレース端部金物
上　改修前。2階床レベルの補強金物
下　改修後。1階の基礎に取り付けた補強金物

躯体・軸組の耐震補強工事

継手・仕口の補強

床構面の補強

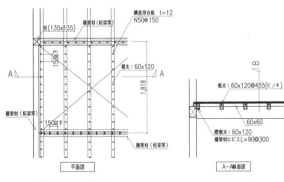

床構面の補強詳細図

継手・仕口の補強
上　既存の筋交いの継ぎ手はプレートで補強した
中　垂木にはひねり金物を設置した
下　新しく設けた柱の柱頭・柱脚には金物を設置した

床構面補強の改修前後の比較
上　改修前。元の根太は90mmΦの丸太（桧）の
タイコ落としであった
下　改修後。元の根太を撤去して60×120mmの根太（桧）を新設し、構造用合板12mm厚をN50釘・@150mmで打ち付けた

屋根構面の補強

屋根構面の補強
a 元の野地板は、12mm厚で長さは9尺。それを5分割するように垂木が入っていた
b 既存母屋は撤去し、断面寸法を変更した新しい母屋（杉、105×135mm）を元の位置に設置した
c 棟木は新しい材料で復元した
d 垂木は元のものを一部残し、合板の割付に合わせて新しい部材を追加した。
劣化部材は新しいものに交換した。野地板は構造用合板に変更した

床組工事

　既存の土台と大引、および新設の大引と床束には、防腐・防蟻処理剤を塗布した。根太は、桧丸太の太鼓引き既設材を2階階段室前の廊下で再利用して保存し、その他の部分は桧角材の新設材とした。

防腐・防蟻処理の様子

元の桧丸太の太鼓引き根太を保存した部分

床剛性を増すために、既存根太を撤去し
新しい桧角材の根太にした部分

屋根工事

　既存の厚形スレート瓦は、屋根の高さに段差のある部分の軒下ケラバに56枚を保存して葺き、その他は復元した厚形スレート瓦で葺いた。既存の亜鉛鉄板瓦棒葺（芯木あり）部分は撤去し、亜鉛鉄板・厚0.4mm瓦棒葺（芯木なし）で葺き替えた。既存の化粧垂木は再使用し、野垂木を追加して二重の垂木にした。その間に断熱材としてポリエチレンフォーム25mmを挟んだ。

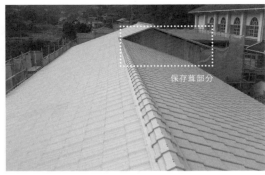

復元スレート瓦の施工。
保存した元の瓦は右側屋根の奥の部分に葺いた

亜鉛鉄板瓦棒葺き屋根の復元

壁工事

　階段室上部にある旧音楽室用の物置は、当初のままの内装を保存するために、壁全体を切り取る大バラシ工法で解体し、耐震補強等を行ったうえで復旧した。そのことにより、塗装や金物なども保存できた。

　各教室間の界壁は、既存の土壁を撤去して筋交いと面材で耐力壁にする一方、建築基準法による45分準耐火認定材を使用した。また、界壁の小屋裏部分は土壁を保存した。

　その他の壁は新設材で構造補強した後、下地を含め復元した。

教室間の界壁の筋交いと45分準耐火認定材

大バラシ工法で解体・保存した壁

小屋裏部分で保存した既存の土壁

天井工事

階段室上部にある旧音楽室用の物置と同階段室下部にある物置の天井、および4年生普通教室（旧音楽室）の天井は、いずれもテックス（圧縮繊維板）貼りである。これらは全面的に残し、その上から新たに珪酸カルシウム板を貼った。その他の石綿板天井は撤去し、珪酸カルシウム板を貼った。

階段上部の物置で保存したテックス貼りの天井

普通教室（旧音楽室）の既存天井を覆い、天井下地材を施工した様子

新設天井の施工

外壁工事

元の外壁のラスモルタル・リシン吹付仕上げはラス網の腐食が激しく、全面的に撤去し復元した。

既存外壁の撤去

下地のラスモルタル塗り。縦横に力骨が入ったWラスを使用

リシン吹き付け

床工事

　階段室上部にある旧音楽室用物置の床は、全面的に保存した。

　2階パソコン室の床は、構造用合板による補強をおこなった上で、各所で使われていたもとのブナ縁甲板を集めて貼り保存した。そして、その上にフリーアクセスフロアを設置した。

　これ以外の場所は新たなブナ縁甲板を貼った。塗装については、既存床材の塗装は着色オイルステインであったが、新設材は自然系浸透着色塗料とした。

　2階床下と1階天井間には、遮音・断熱のためにアスファルトフェルトで巻き込んだ鉋屑を混入した石灰が敷き込まれていた。これを階段踊場部分に保存した上で、撤去した部分には遮音シートを敷き込み、ポリエチレンフォームの断熱材を根太の間に入れた。

復元した床への自然系浸透着色塗装の施工

新たなブナ縁甲板材（新設遮音シート下地）で復元した廊下

断熱と遮音のために、もとの床に鉋屑が敷き込まれていた

もとのブナ縁甲板を集めて貼り、その上に
フリーアクセスフロアを設置したパソコン室

新しい根太の間に入れられたポリエチレンフォームの断熱材

塗装工事

　既存の部位・部材を調査して建設当初の色彩を推定し、その色で再現した。

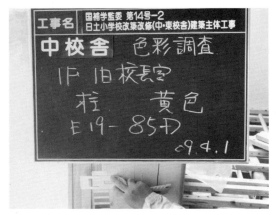
柱の現況色彩の調査

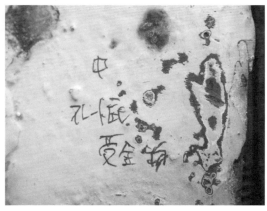
スレート庇上金物の現況色彩調査

建具工事・家具工事

　既存の木製建具は、部材を修繕したり一部を取り替えたりして、可能な限り再利用した。これまでの改修工事でアルミサッシになっていたものは撤去し、建設当初の木製建具を復元した。

　建具金物は、戸車の取り替えをおこない、引手やネジ締り錠は既存のものを残した上で、クレセントと戸当りバネを新設した。既存の家具で建設当時のもの以外は撤去した。松村正恒がデザインした当初の家具は、設計原図をもとに修理した。

　室名札などの備品類は、建設当初のものは再使用し、それ以外は新設した。

補修前の建具

教室の後壁にあるランドセル入れの棚には、背板となる壁の羽目板を裏から先に取り付けてから、全体を壁に固定した

補修後の建具。下框と中桟を新しい材に取り替えた

職員室の戸棚は、変形および腐食部分のみに新しい部材を付加した

補修作業の様子

古い室名札は再利用した

ガラス工事

　各出入り口の高さ以下の部分にあるガラス、および運動場側のガラスは、学校用強化ガラスに取り替えた。校長室の戸棚と階段室上物置の型板ガラス（柄名：ダイヤ、厚さ2mm日本板硝子）は保存した。その他のガラスの種類は、建設当初の写真を元に、透明と型板に区別し復元した。

軒裏工事

　軒裏は、既存の石綿板は撤去し、珪酸カルシウム板で全面を復元した。建築基準法の延焼線内は45分準耐火性能材で復元した。軒裏通気口は既存品を撤去し、新たな製品を設置した。

校長室にある戸棚の硝子は保存した

珪酸カルシウム版張り

階段室上の物置の硝子は保存した

延焼線内の45分準耐火性能材張り

新たな通気口

樋工事

　元の亜鉛鉄板製樋は撤去し、同形のガルバリウム鋼板で復元した。

庇・ブリーズソレイユ工事

　ブリーズソレイユの支持金物は修理して再使用し、木製部は同形同材（杉赤身材）にて復元した。亜鉛鉄板製の庇は、同形のガルバリウム鋼板で復元した。

ガルバリウム鋼板で復元した樋

改修前のブリーズソレイユ

改修作業の様子

復元した庇とブリーズソレイユ

外部鉄骨階段工事

　既存の鉄部のうち、肉厚測定値で70％以下となった部分は取り替えて補修し、70％を超えた部分は保存して再使用した。手摺は、嵩上げ手摺を増設して安全性を増し、避難器具として位置づけることにした。また、避難階段は東校舎の東側に新設した。

鉄部の肉厚検査

搬入作業

ケレン処理

復旧作業

塗装作業

復旧完了

外部通路工事

　屋根の石綿スレートは無石綿スレートに葺き替え、梁（松）は腐食していたため新しいものに交換した。建築基準法の適用を受け、中校舎と東校舎をつなぐ開放廊下の前面部分は撤去した。

既存屋根の撤去

建てり起こし作業

外構工事

　南側（川側）の木製持出しデッキは、建設当初の記録写真に基づき復元した。なお、河川法を考慮して、当初の姿とは異なるがキャンティレバーの構造とした。また、校舎と川との間にウッドデッキを新設した。

建設当初の木製持ち出しデッキ（日本建築学会蔵、松村家旧蔵）

復元した木製持ち出しデッキ。手摺は新設した

新設したウッドデッキ

電気設備工事

　建築当初の照明器具は現存しない。また、これまでのたび重なる改修工事で、配線関係の変遷は調査不能であった。したがって、既存の設備は器具および配線ともに撤去した。ただし、建設当初の碍子などの部品は取り外して保存した。

　新設した配線および照明器具は室内意匠に配慮し、目立たないように設置した。

給排水衛生・空調換気設備工事

　建設当初のタイル貼りの手洗いは保存し、配管は新設した。また、建設当初に空調換気設備はなく、新設した。

1階廊下に新設した照明

階段室の保存した手洗い

中校舎　部位・部材別保存および現状変更リスト

部位	構成	部材	場所	保存	復元	新設	改修概要
基礎	既存基礎	無筋布基礎	全体	○			
	補強布基礎	鉄筋コンクリート	全体			○	鉄筋コンクリート基礎で補強、Y14通りは撤去新設
	防湿コンクリート	ワイヤメッシュ6Φ150@	全体			○	防湿フィルム共新設
	束石	現場打ちコンクリート	全体			○	
構造軸部	1階床組	土台（桧135×135）	新設間仕切りのみ新設	○		○	
		大引（90×90）	作業室・更衣室		○	一部	
			Y11〜Y14のみ			○	
		際大引（桧120×120）	全体			○	
		根ガラミ（桧90×15）	全体		○		
		束（桧90×90）	全体			○	床束金物で固定
		根太（桧52×52@303）	全体		○		
		際根太（桧52×52）	全体		○		
		土台火打（桧90×90）	全体	○			
	2階床組	胴差（松135×150、135×135）	全体	○			
		鉄骨トラス・床梁（松135×135）	全体	○			
		火打梁	全体				撤去し構造用合板にて対応
		構造用合板（t=12）	全体			○	
		構造用受材（桧120×60）	Y8通り			○	
		根太（桧丸太タイコ90×75）	階段室踊り場、階段室上物置、階段室前廊下	○			
		根太・根太受（桧60×120@455）	全体			一部	材寸・間隔変更
	小屋	軒桁（松135×135）	全体	○			
		軒桁（松135×135）	1FX29通りY11〜Y14 新設間仕切りのみ新設			○	
		木製トラス（松）	全体	○			
		鉄骨トラス（リベット使用）	全体	○			
		登り梁（松）	全体	○			
		母屋（杉105×105）	全体			○	復元材の断面寸法変更：杉105×135で新設
		棟木（杉52×105-2本）	全体	○			
		火打梁	全体	○			
		垂木（桧52×52@454）	全体	○		一部	野地板9尺割付から構造用合板割付に変更のため、増加部新設
	軸	柱（杉120×120、135×135）	全体 2本撤去（Y14通りX19、X31）	○		一部	新設間仕切りX7通りX29通り主玄関・給食受口増築部
		間柱（柱巾1/2×35）	全体		○	一部	合板ジョイント部新設

中校舎　部位・部材別保存および現状変更リスト

部位	構成	部材	場所	保存	復元	新設	改修概要
(構造軸部)	(1階床組)	筋かい(杉90×90)	全体	一部		○	
		筋かい(杉135×150)	階段室	○			
		壁貫(120×15)	全体	一部			
		土塗壁(竹木舞厚さ70)	小屋裏部分保存	一部			
		構造用合板類	全体			○	界壁グラスロック新設、その他耐震壁新設間仕切り部は構造用合板
		ブレース	全体			○	耐震構造上の位置に新設、形状変更
1階床	床	床下断熱材	全体			○	ポリスチレンフォーム(t=20)
		ブナ縁甲板(厚さ18)	全体		○		職員室は構造用合板下地フリーアクセスフロアー新設
1階壁	内壁	巾木(杉90×10)	全体		○		
		三角巾木(杉15×15)	全体		○		
		胴縁(杉40×20@454)	全体		○		
		下地ラス板(杉90×12@454)	ラワンベニヤ下地のみ		○		
		仕上ベニヤ壁(t=3)	全体		○		
		石膏ボード(t=9.5、t=12.5)	延焼線内(t=9.5)校長室銀箔クロス下地(t=12.5)			○	
		仕上腰板壁(杉75×15)	全体		○		
1階天井	天井	野縁(杉45×45@455)	全体			○	校長室・保健室は形状変更
		野縁受(杉45×45@910)	全体			○	校長室・保健室は形状変更
		吊木(杉45×45@1,200)	全体			○	校長室・保健室は形状変更
		防震吊木金物	全体			○	
		天井板	全体			○	
		カーテン受枠(杉t=18)	川側	○			
2階床	床	遮音材	階段室踊り場	○			アスファルト・鉋屑・石灰は撤去
		遮音シート	全体			○	
		遮音受バラ板	全体				撤去
		床仕上(ブナ縁甲板t=18)	パソコン室は再利用階段室上物置は保存	一部		○	パソコン室はフリーアクセスフロアー新設
2階壁	内壁	巾木(杉90×10)	階段室上物置は再利用	一部	○		
		三角巾木(杉15×15)	階段室上物置は再利用	一部	○		
		胴縁(杉40×20@454)	全体		○		
		下地ラス板(杉90×12@454)	ラワンベニヤ下地のみ		○		
		仕上ベニヤ壁(t=3)	全体		○		
		石膏ボード(=9.5、t=12.5)	延焼線内(t=9.5)			○	
		仕上腰板壁(杉75×15)	階段室上物置は再利用	一部	○		階段室上物置は大バラシの上、再利用保存

部位	構成	部材	場所	保存	復元	新設	改修概要
2階天井	天井	野縁（杉45×45）	4年生教室（旧音楽室）、階段室上物置は保存	一部	○		4年生教室（旧音楽室）は既存天井の上から新設復元施工、階段室上物置は保存
		野縁受（杉45×45）	4年生教室（旧音楽室）、階段室上物置は保存	一部	○		4年生教室（旧音楽室）は既存天井の上から新設復元施工、階段室上物置は保存
		吊木	4年生教室（旧音楽室）、階段室上物置は保存	一部	○		4年生教室（旧音楽室）は既存天井の上から新設復元施工、階段室上物置は保存
		天井材	4年生教室（旧音楽室）、階段室上物置は保存	一部	○		4年生教室（旧音楽室）は既存天井の上から新設復元施工、階段室上物置は保存
		断熱材	全体			○	グラスウール24kg/m²（t=50）
		カーテン受枠（杉t=18）	川側	○			
2階屋根下地	厚形スレート瓦下地	野地板（t=12）	全体			○	耐震構造に基づき構造用合板へ変更
		広小舞（杉105×30）	全体		○		
		鼻かくし（杉55×35）	全体		○		
		登り裏甲（杉105×30）	全体		○		
屋根瓦	厚形スレート瓦	厚形スレート瓦	屋根重なり部に56枚再利用	56枚	○		
		アスファルトフェルト	全体			○	ゴムアスルーフィング（t=1.0）に変更
屋根軒裏	厚形スレート瓦軒裏	一般軒天	延焼線以外			○	珪酸カルシウム板（t=6）EP塗装
		軒天換気レジスター	全体			○	丸型プラスチック製（キョーワナスタ KS-8955PRSG）
		延焼ライン	延焼線内			○	30分耐火不燃材（DAIKENノキライト〈t=12.5〉）
2階金属板屋根（廊下）	天井表し	化粧垂木（杉60×60@364）	全体	○			
		野垂木（桧36×51@364）	全体			○	二重構造にし断熱材を施工
		断熱材	全体			○	ポリスチレンフォーム（t=20）
		化粧野地板（t=12）	全体		○		
		構造用合板（野地板）	全体			○	
		広小舞（杉120×15）	全体		○		
		鼻かくし（杉51.5×30）	全体		○		
		登り裏甲（杉120×15）	全体		○		
		SUS製防虫網	全体			○	
		アスファルトフェルト	全体		○		ゴムアスルーフィング（t=1.0）に変更
		亜鉛鉄板瓦棒葺	全体		○		

中校舎　部位・部材別保存および現状変更リスト

部位	構成	部材	場所	保存	復元	新設	改修概要
屋根軒裏	亜鉛鉄板屋根軒裏	一般軒天	延焼線以外		○		珪酸カルシウム板（t=6）EP塗装
		延焼ライン	延焼線内			○	30分耐火不燃材 （DAIKENノキライト〈t=12.5〉）
階段		踏み板	1段のみ復元	○	1枚		
		蹴込み板	全体	○			
		側桁	全体	○			
		手摺り	1階から踊り場まで新設	○		一部	基準法により新設
階段上　物置		床：ブナ縁甲板 （厚さ18）	全体	○			
		壁：仕上腰板壁 （杉75×15）	全体	○			階段室上物置は大バラシの上、再利用保存
		天井： テックスボード目透し	全体	○			既存天井の上、ケレン下地処理後 EP塗装既存
建具		ガラス	階段室上物置の型板のみ保存	一部	○		スクールテンパー4mmに 内法下部を取り替え
		建具	全体	○	一部	一部	不良材取り替え 塗装ケレン後、再塗装
		ガラス廻り	全体			○	パテよりコーキングに変更
		網戸	全体			○	既存建具にデザインを統一 網はSUS製に変更。
		金物：戸車	全体			○	ステンレス製に取替
		金物：レール	全体			○	
		金物：ネジ締まり錠	全体	○			
		金物：引き違い錠	全体			○	
		金物：クレセント	全体			○	
		金物：戸当たり、バネ	全体			○	
室内開口部	建具・開口部廻り	敷居	1階Y9通りのみ新設	○		一部	
		鴨居	1階Y9通りのみ新設	○		一部	
		方立・見切	1階Y9通りのみ新設	○		一部	
		膳板	全体	○	一部		
外部開口部	建具・開口部廻り	敷居・水切り	全体			○	網戸新設のため形状変更 水切り：亜鉛鉄板へ
		鴨居・水切り	全体			○	網戸新設のため形状変更 水切り：亜鉛鉄板へ
		方立・見切	全体			○	網戸新設のため形状変更 水切り：亜鉛鉄板へ
造作家具	家具	造作家具	全体	○		一部	不良材取り替え 塗装ケレン後、再塗装
		黒板・掲示板	全体	○		一部	使用可能部材を残し 黒板部のみ新設
		傘立て・雑巾掛け	全体	○			ケレン下地処理後SOP塗装

部位	構成	部材	場所	保存	復元	新設	改修概要
外壁		力骨・ラス網 モルタル刷毛引き	全体		○		ダブルラス網に変更
		リシン吹付	全体		○		
		断熱材	全体			○	ポリスチレンフォーム（t=30）
床下換気口		換気口	全体	○			基礎天端よりH=70
小庇	北側	亜鉛鉄板	全体		○		ガルバリウム鋼板に変更
		受け金物	全体	○			
		波形スレート	全体		○		
		杉板	Y11通りX31〜X35のみ保存	一部	○		
庇	南側（川側）	小波形スレート	全体			○	
		持ち出し金物	全体	○			ビス類はSUS製で復元
木製日よけ	木製ブリーズソレイユ	木製ルーバー（杉90×15-6列）	全体		○		
		木製ルーバー両端（杉90×27-2列）	全体		○		
		持ち出し金物	X15〜X25のみ新設	○		一部	
外部手摺り	開口部手摺り	金属製	全体	○			ビス類はSUS製で復元
外部格子	開口部格子	金属製	全体	○			ビス類はSUS製で復元
鉄骨階段		階段	全体	○			修理保存
		基礎	全体			○	構造計算により新設
		嵩上げ手摺り	全体			○	既存手摺りの上、嵩上げ手摺り新設
外部通路屋根		鉄骨柱	全体	○			
		桁（松90×175）	全体		○		
		大波スレート	全体		○		
樋		軒樋	全体		○		カルバリウム製復元：120/2Φ工場製作 ウレタン樹脂系ルーフ用塗装
		縦樋	全体		○		カルバリウム製復元：120/2Φ工場製作 ウレタン樹脂系ルーフ用塗装
		樋受け金物	全体		○		SUS既製品 軒樋：ビス止メ、竪樋：柱打込み
		縦樋養生管	全体			○	鋼管104.5Φメッキ ウレタン樹脂系ルーフ用塗装

中校舎　部位・部材別保存および現状変更リスト

部位	構成	部材	場所	保存	復元	新設	改修概要
塗装		木部	全体		○		SOP塗装
		床板のみ	全体		○		自然系木部用浸透性着色剤
		ベニヤクリア部	全体		○		とのこ下地合成樹脂クリア塗装
		珪酸カルシウム板	全体		○		EP塗装
		鉄骨部	全体		○		SOP塗装
		無石綿大波スレート	全体		○		水系反応硬化型ウレタン樹脂塗装
		亜鉛鉄板・カルバリウム鋼板	全体		○		ウレタン樹脂系ルーフ用塗装
		鉄骨部	全体		○		SOP塗装
ブラインド	川側	カーテン	全体			○	ロールブラインドに変更　金物は保存リスト
サイン		2Fおよび給食受口、男子更衣室のみ新設	全体	○		一部	
電気設備			全体			○	
給排水設備			全体			○	

第2部

工事記録

第6章

東校舎改修工事

東校舎は、竣工時には、中庭を挟んで廊下から分離されたクラスター型配置をなす6つの普通教室と昇降口、図書室、補導室、便所からなっていた。改修工事前には、昇降口に手洗いが設置され、図書室は書架も撤去されて児童会室として使われ、補導室は物入になるなど、竣工時からの改変が見られた。
　改修にあたっては、意匠的には原設計の状態に戻すことを原則としたが、普通教室は新西校舎と中校舎に移すため、1階は理科室・家庭科室・図工室に、2階は音楽室準備室・音楽室・多目的室に変更した。また、便所は新しく建て替え、2階の東端部に避難階段を新設した。

外観

　外観は原設計に戻すことを基本とし、慎重な改修工事を行った。

北側外観（上：改修前、下：改修後）
原設計と異なるのは、従前の改修で付加された北面（運動場側）2階廊下の窓の手摺であるが、安全を配慮し再利用した。
また、東面2階に避難階段を付加した

南側外観（上：改修前、下：改修後）
基本的に原設計の状態に戻したが、トイレ棟と開放廊下は改築した

解体工事

　解体工事は、家具→建具→屋根のスレート瓦→天井→壁→床の順に行い、工事中の構造負荷を減らした。

　工事と並行して各所を調査し、保存する部位・部材と処分する部位・部材との仕分けを検討した。そして再使用しないものはリスト化し、重要なものは保存した。

　また、再使用できる重要な部位・部材は解体せずに現存状態で保存し、新たな仕上げをその上に施した。解体処分する部位・部材は、その内容を記録した。

屋根のスレート瓦の撤去作業

2階の床を撤去した状態。
遮音・断熱のために敷き込まれていた鉋屑が見える

天井を撤去した状態

壁と床を撤去した状態

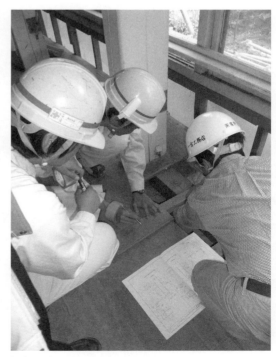
解体と同時に各部の調査を行なった

基礎工事

　現状調査の段階で布基礎が無筋コンクリートであることが判明したため、支持地盤の強度を確認した後、新たに鉄筋コンクリート基礎を現在の基礎に沿わせて打設するなどして補強した。

　床の解体中に、土台、大引および柱の蟻害や腐食状態を調査したが、昇降口の手洗器下部および東北隅の床下の一部に蟻害部分が発見されたため除去した。

　床下は、全体に換気が良好に行われ健全な状態であったため、改修前と同形の開口とした。

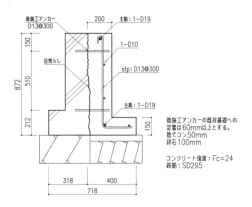

既存基礎の補強例。アンカー筋を入れ、
既存基礎に補強基礎を沿わせて打設

基礎工事の様子
上　既存の無筋コンクリートの基礎
下　補強基礎完成

躯体・軸組工事

　木軸部の傾斜や床の不陸を補正する工事（＝建てり起こし）は、各階ごとの横架材間で行なった。
　構造補強計画は、既存の木造軸組部（土台、柱、梁、桁、小屋組など）を保存する前提でつくられているので、部分的な腐食、割れ、ねじれ、欠落の補修や補強を行なった。小屋裏の鉄骨トラスは、無塗装にもかかわらず錆もない状態だったので現状保存とした。また、廊下壁の鉄筋ブレースは保存した。図書室の床ブレースは新しいものに取り替えた。

新しい鉄筋ブレースの脚元金物の溶接止め

建てり起こしの作業

図書室下床ブレース入れ替え

既存金物のボルト締め

新しい鉄筋ブレースの締め

図書室下のブレース補強

躯体・軸組の耐震補強工事

構造は、耐震改修促進法にもとづき、日本建築防災協会の耐震判定を受けた。

耐震補強の多くは、既存土壁を撤去して壁筋交いと構造用面材で補強し、当初の意匠を損なわないよう、柱面内で施工した。

1階の耐力壁

1階の耐力壁の補強・新設の詳細を、普通教室と昇降口まわりを例に示した。壁の両面を補強した耐力壁（PW15）、2連の鉄筋ブレース（2×PW14）、木製筋交い（PW10）である。

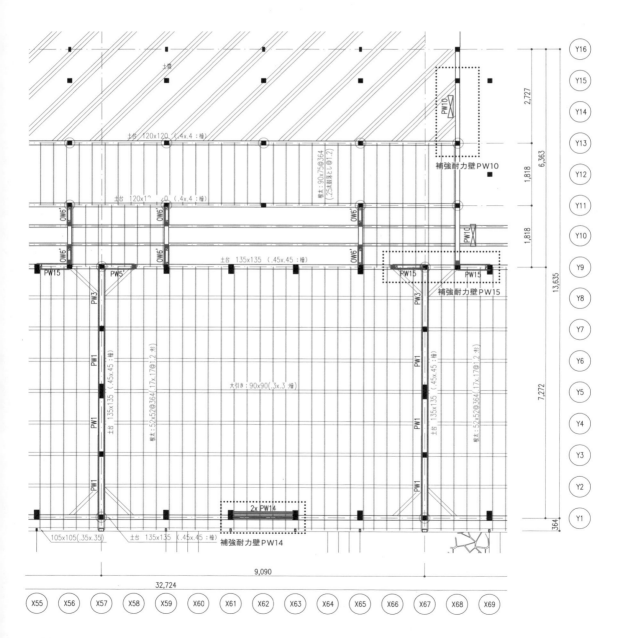

東校舎1階床伏図

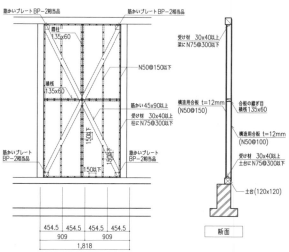

壁の両面を補強した耐力壁（PW15）詳細図

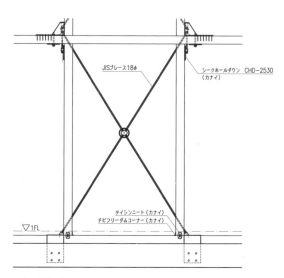

2連の鉄筋ブレース（2×PW14）詳細図

PW15の改修前後の比較
上　改修前。土壁を落とした状態（右端の壁）
下　改修後。45×90mmの筋交いを新設し、構造用合板12mm厚を張った

2×PW14の改修前後の比較
上　改修前。元は16mmΦの鉄筋ブレースがひとつ設置されていた
下　改修後。元のブレースを撤去し、新たにつくった18mmΦのブレースを2連設置した。中央のリングはリブ付きの新しいもので、ブレース端部の金物も新設した

躯体・軸組の耐震補強工事

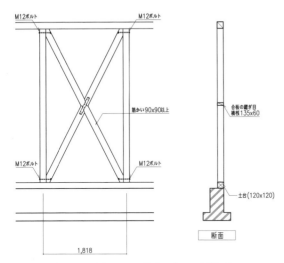

90×90の角材・たすき掛けによる筋交い（PW10）詳細図

PW10の改修前後の比較
上　改修前。元は非耐力壁であった
下　改修後。90×90mmの角材・たすき掛けによる筋交いを新設した。
端部は金物で固定した

2階の耐力壁

2階の耐力壁の補強・新設の詳細を、東端部の教室まわりを例に示す。廊下の腰壁を補強した耐力壁（OW8）、壁の両面を補強した耐力壁（PW1b）、大壁と真壁を組み合わせた耐力壁（OW6）である。

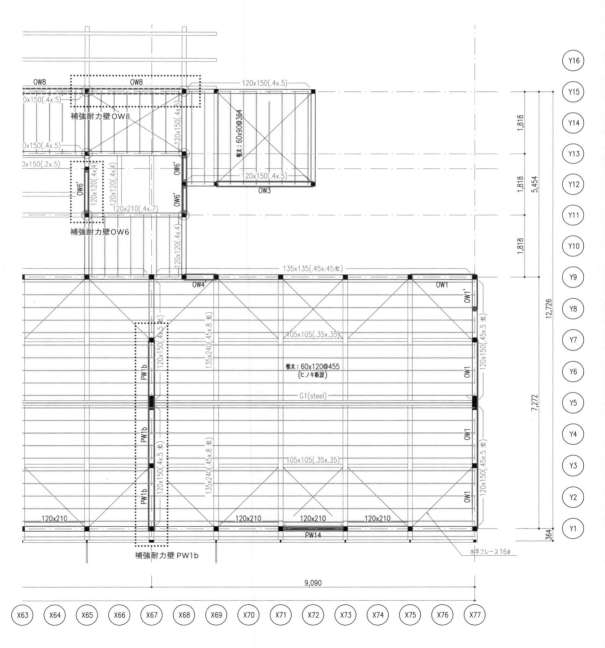

東校舎2階床伏図

躯体・軸組の耐震補強工事

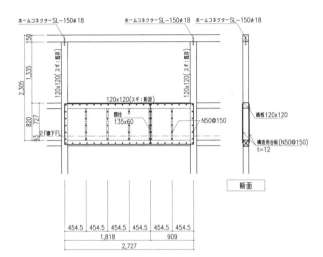

廊下の腰壁を補強した耐力壁（OW8）詳細図

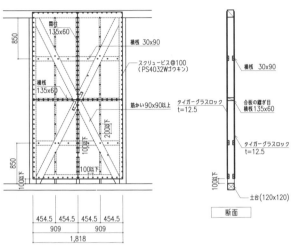

壁の両面を補強した耐力壁（PW1b）詳細図

OW8の改修前後の比較
上　改修前。元の壁内部の様子。非耐力壁である
下　改修後。両面に構造用合板12mm厚を張って耐力壁にした

PW1bの改修前後の比較
上　改修前。元の壁を剥がして土壁を撤去した様子。
木製筋かいがはいっているが端部の金物は不十分である
下　改修後。補強は、土壁を撤去した後、筋かい継ぎ手を
プレートで補強し、繊維強化石膏ボード（タイガーグラスロック）を
全面に張った（写真は繊維強化石膏ボードの施工途中）

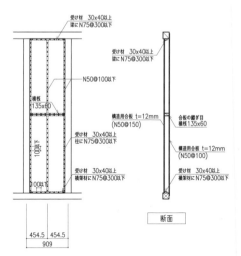

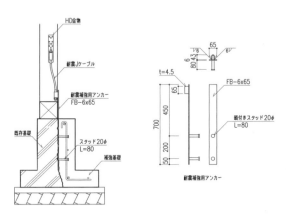
柱頭・柱脚金物

大壁と真壁を組み合わせた耐力壁（OW6）詳細図

注脚金物詳細図

OW6 改修前後の比較
上　改修前。元の壁内部の様子。非耐力壁である
下　改修後。外壁側は大壁で、内壁側は受け材を打って真壁で構造用合板12mm厚を張り、元の意匠を守った

注脚の改修前後の比較
上　改修前。元は柱と基礎との接合金物はない。
蟻害の被害があった箇所
下　改修後。補強金物とホールダウン金物を
耐震Jケーブルで結び補強した。柱頭についても
ホールダウン金物とJケーブルによる補強を行なった

躯体・軸組の耐震補強工事

リング付きブレース端部金物

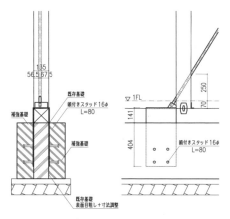

リング付き鉄筋ブレース端部金物詳細図

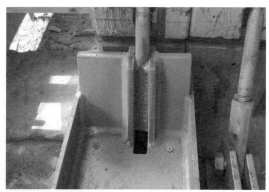

リング付き鉄筋ブレース端部金物
上　1階の補強金物と鉄筋ブレースの接合の様子
下　1階の基礎に取り付けた補強金物

継手・仕口の補強

継手・仕口の補強
a　OW8の柱頭補強はエポキシ充填中空ボルト
（ホームコネクター）で行なった　b　梁継ぎ手は金物で補強した
c　垂木にはひねり金物を設置した　d　既存金物のボルトは締め直した

床構面の補強

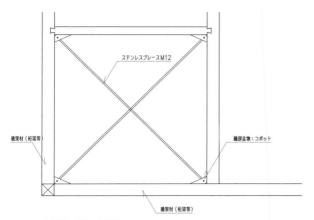

床構面の補強詳細図

床構面補強の改修前後の比較
上　改修前。元はM12鉄筋部レースが横架材を貫通して固定してあったが、端部不良のため撤去した
下　改修後。ステンレスプレートで補強しステンレスブレースで復元した

屋根構面の補強

屋根構面の補強
a　元の屋根の架構。不陸が発生していた　b　母屋の復元施工
c　棟木の復元施工　d　垂木は元のものを一部残し、合板の割付に合わせて新しい部材を追加した。劣化部材は新しいものに交換した。野地板は構造用合板に変更した

床組工事

既存の土台と大引、および新設の大引と床束には、防腐・防蟻処理剤を塗布した。根太は、桧丸太の太鼓引き既設材を1階廊下で保存して再利用し、その他の部分は桧角材の新設材とした。新設大引は、桧丸太太鼓引きとした。

1階廊下で保存した既存の根太

防腐・防蟻処理の様子

1階昇降口に新設した大引

新設根太は角材で復元した

1階の床組

屋根工事

　既存の厚形スレート瓦は撤去し、復元した厚形スレート瓦で葺いた。

　既存の亜鉛鉄板瓦棒葺（芯木あり）部分は撤去し、亜鉛鉄板・厚0.4mm瓦棒葺（芯木なし）で葺き替えた。既存の化粧垂木は再使用し、野垂木を追加して二重の垂木にした。その間に断熱材としてポリエチレンフォーム25mmを挟んだ。

　1階昇降口部分の既存の大波石綿スレート屋根は撤去し、無石綿大波スレート二重葺で復元した。2枚の大波スレートの間には、断熱材としてポリエチレンフォーム25mmを挟んだ。また当時の写真により、波形ポリカーボネイト板で採光屋根を復元した。

無石綿大波スレートによる復元

厚型スレート瓦による復元

建設当初の昇降口。採光屋根の様子がわかる
（日本建築学会蔵、松村家旧蔵）

亜鉛鉄板瓦棒葺きによる復元

波形ポリカーボネイト板による採光屋根の復元

壁工事

　図書室の間仕切りの土塗壁、および焼杉とラワン板壁は、下地を含め現状保存し、その上に新たなラワンベニアを張った。

　各教室間の界壁は、既存の土壁を撤去して筋交いと面材で耐力壁にする一方、建築基準法による45分準耐火認定材を使用した。また、界壁の小屋裏部分は土壁を保存した。

　相談室（旧補導室）南面は、伊予絣と金揉み紙が市松模様に貼られていたが、これは建設当初のものである。しかし傷みが激しく、その上に合板下地をつくり、同様の仕上げを新しい材料で復元した。また中央部分の下地には穴をあけてアクリル板を取り付け、元の仕上げが見えるようにした。このため、耐震補強は外壁側で行なった。東・西・北面は現状のラワンベニア張りを保存した。

　そのほかの部屋の壁は、新設材で構造補強を行なった後、下地を含め復元した。

図書室東面の既存壁の下地調査

図書室東面の既存壁の上に新しいラワンベニアを張っている様子

図書室の既存土壁を保存した様子

図書室の既存の焼杉板張りは保存した

図書室の界壁の筋交いと45分準耐火認定材

相談室南面の壁に復元伊予絣を貼っている様子

図書室の小屋裏部分は既存土壁を保存した

相談室南面の壁に設けたアクリル板越しに、既存の仕上げを見る

相談室南面の壁は、既存壁の上にラワンベニアを張った

相談室の既存ラワンベニア板張り壁の染み抜き作業

天井工事

　図書室のベランダに近い部分の杉柾ベニア天井は残し、その上から新材で復元した。また、銀揉み紙貼りの船底天井は現況を残し、その上からラワンベニアを張って新材で復元した。さらに中央部分にはアクリル板を取り付け、元の仕上げが見えるようにした。
　相談室（旧補導室）の天井は、建設当初のものは撤去し下地のラス板を張ったうえで、元のように銀揉み紙貼りを復元した。
　ほかの部屋の石綿板天井は撤去し、珪酸カルシウム板で復元した。

図書室の天井で、アクリル板で既存部を見えるようにした部分

相談室（旧補導室）の下地ラス板張り

図書室のベランダに近い部分の天井で、既存の杉柾ベニアの上から新材を張っている様子

相談室（旧補導室）の銀揉み紙貼りの復元

図書室の船底天井で、既存の銀揉み紙を残しラワンベニアを張っている様子

教室の珪酸カルシウム板張り天井

外壁工事

　元の外壁のラスモルタル・リシン吹付仕上げはラス網の腐食が激しく、全面的に撤去し復元した。
　図書室西側の出窓部分と2階通路の光庭側の出窓側部分の外壁は、石綿平板にリシン吹付け仕上げであったため、石綿平板は撤去し、フレキシブルボードで復元した。

既存外壁を撤去した様子

リシン吹き付け

外壁の下地張り

図書室西側の出窓部分の施工の様子

外壁のラスモルタル下地の施工

2階通路光庭側の出窓側部分の施工の様子

床工事

　床仕上げのブナ縁甲板は、相談室（旧補導室）、図書室、階段の踊り場で保存した。

　これ以外の場所では新たなブナ縁甲板を張った。塗装については、既存床材の塗装は着色オイルステインであったが、新設材は自然系浸透着色塗料とした。

　2階床と1階天井間には、遮音・断熱のためにアスファルトフェルトで巻き込んだ鉋屑を混入した石灰が敷き込まれていたが撤去し、遮音シートを敷き込み、ポリエチレンフォームの断熱材を根太の間に入れた。

　昇降口の既存土間は、仕上げモルタルの亀裂や浮きがある部分の塗り替えをした。

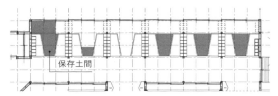

昇降口土間の保存した部分（網かけ部）

断熱と遮音のために、元の床に敷き込まれていたアスファルトフェルト

新たなブナ縁甲板材（新設遮音シート下地）による床の復元

新しい根太の間に入れられたポリエチレンフォームの断熱材

復元した床への自然系浸透着色塗料の施工

昇降口の既存土間の金こて磨き

塗装工事

既存の部位・部材を調査して建設当初の色彩を推定し、その色で再現した。

屋根の亜鉛鉄板の現況色彩調査（萌黄色）

柱の現況色彩調査（萌黄色）

東側テラスの柱の現況色彩調査（萌黄色）

鉄骨トラスの現況色彩調査（桜色）

東側テラスの筋交いの現況色彩調査（桜色）

ベランダ丸柱の現況色彩調査（桜色）

北側下屋の柱の現況色彩調査。最下層より、黒色系→青色系→若草色系→桜色系→水色系→青灰色系の計6回の塗り重ねが確認された

建具工事・家具工事

　既存の木製建具は、部材を修繕したり一部を取り替えたりして、可能なかぎり再利用した。建具金物は、戸車の取り替えを行ない、引手やネジ締り錠は既存のものを残したうえで、クレセントと戸当りバネを新設した。

　既存の家具で建設当初のもの以外は撤去した。松村正恒がデザインした当時の家具は、設計原図をもとに修理した。

　図書室のベンチと本棚、および丸竹輪切り（孟宗竹、径30〜120mm）で星座を形づくった壁は、設計原図および写真により復元した。

　室名札などの備品類は、建設当初のものは再使用し、それ以外は新設した。

補修作業の様子

補修前の建具

補修後の建具（塗装前）

教室の後壁にあるランドセル入れの棚には、背板となる壁の羽目板を裏から先に取り付けてから、全体を壁に固定した

図書室の木製ベンチの復元

ランドセル入れの棚を壁に固定した様子

図書室の本棚の復元

既存黒板の修理

古い室名札は再利用した

ガラス工事

　各出入り口の高さ以下の部分にあるガラス、および運動場側のガラスは、学校用強化ガラスに取り替えた。ガラスの種類は、建設当初の写真をもとに、透明と型板に区別し復元した。

　図書室東面に現存する建設当初からの色ガラスは保存し、安全のためにフィルムを貼った。現存しないが建設当初は色ガラスがあったはずのほかの部分には、透明ガラスの上に色フィルムを貼って再現した。

　図書室の西・東面にある地窓のはめ殺し網入りガラス（亀甲目網入り、厚さ6.7mm、日本板硝子）は建設当初からのものであり、従前に修理した網入りガラス（菱目網入り、厚さ6.7mm、日本板硝子）も保存した。

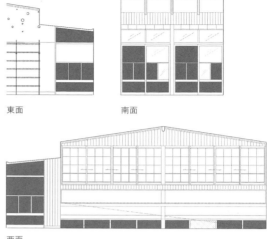

東面　　　　　南面

西面

図書室のガラス保存部分（網かけ部）

復元した色ガラス

保存した亀甲網入り透明ガラス

保存した当初の色ガラス

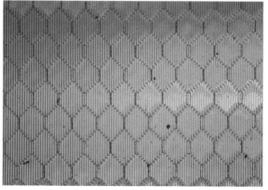

ベンチ下の保存した亀甲網入り型板ガラス

軒裏工事

　軒裏は、既存の石綿板は撤去し、珪酸カルシウム板で全面的に復元した。建築基準法の延焼線内は45分準耐火性能材で復元した。

珪酸カルシウム板張り

延焼線内の45分準耐火性能材張り

樋工事

　もとの亜鉛鉄板製樋は撤去し、同形のガルバリウム鋼板で復元した。
　もとの縦樋養生管は撤去し、同形の鋼管で復元した。

ガルバリウム鋼板で復元した樋

復元した持ち出し樋

縦樋養生管の復元

庇・ブリーズソレイユ工事

　ブリーズソレイユの支持金物は修理して再使用し、木製部は同形同材（杉赤身材）にて復元した。亜鉛鉄板製の庇は、同形のガルバリウム鋼板で復元した。
　既存の使用木材は、杉丸太中央部の赤身で、反り変形の少ない部分のみを使用していたので、復元材も同様の仕様とした。

ベランダ工事

　喜木川に突き出た図書室奥の木製ベランダは、日土小学校の外観を特徴づける重要な要素である。しかし、風雨が入り込み、床の簀の子は腐食しており、同材で復元した。その際、根太受け梁にも腐食が見られ、それも復元した。接合部はボルトで補強した。
　手摺は、建設当初は木製部分までであったが、従前の改修で嵩上げされていた。しかし安全上求められる1,100mmの高さには足らず、さらに改修した。改修部の部材寸法は外部鉄骨階段の仕様に合わせ、手摺子の間隔は現在のものに合わせた。
　木製ベンチは建設当初のものではないが、再使用することにした。

復元したブリーズソレイユ（塗装前）

ベランダの腐食部を復元した様子

復元した庇とブリーズソレイユ

再使用したベンチと嵩上げした手摺

外部鉄骨階段工事

　既存の鉄部のうち、肉厚測定値で70％以下となった部分は取り替えて補修し、70％を超えた部分は保存して再使用した。手摺は、嵩上げ手摺を増設して安全性を増し、避難器具として位置づけることにした。また、避難階段は東校舎の東側に新設した。

鉄部の肉厚検査

塗装作業

復旧作業

溶接作業

復旧完了

東校舎東側に新設した避難階段および風除室

外構工事

　東側端部の1階ピロティ部分にある木製テラスは復元し、足洗い場は給水配管を撤去して階段にした。
　池は今回の改修工事対象外とし、現状のままで保存した。喜木川側の外部ステージは修理保存し、安全上、手摺を新設した。

復元した木製テラスと現状のままにした池

階段に転用した足洗い場

手洗い器は再利用した

電気設備工事

　建築当初の照明器具は現存しない。また、これまでのたび重なる改修工事で、配線関係の変遷は調査不能であった。したがって、既存の設備は器具および配線ともに撤去した。ただし、建設当初の碍子などの部品は取り外して保存した。
　新設した配線および照明器具は室内意匠に配慮し、目立たないように設置した。
　図書室の照明は、建設当初の写真から灯油ランプを改造したレフライトと判断できたが、同形灯油ランプに3ワットのLEDを埋め込み、外観を復元した。スピーカーボックスは保存し再利用した。

復元した図書室の照明

保存し再利用した図書室のスピーカーボックス

給排水衛生・空調換気設備工事

　既存建屋に取り付いた器具および配管は建設当初のものを除き撤去した。
　各教室にある建設当初のタイル張り手洗い器は修理し保存した。
　光庭の池にある給水管は機能しないが保存した。排水用土管は再利用した。
　建設当初に空調換気設備はなく、新設した。

光庭の池にある給水設備は保存した

東校舎　部位・部材別保存および現状変更リスト

部位	構成	部材	場所	保存	復元	新設	改修概要
基礎	既存基礎	無筋布基礎	全体	○			
	補強布基礎	鉄筋コンクリート	全体			○	鉄筋コンクリート基礎で補強、Y14通りは撤去新設
	防湿コンクリート	ワイヤメッシュ6Φ150＠	全体			○	防湿フィルム共新設
	束石	現場打ちコンクリート	全体			○	新規
構造軸部	1階床組	土台（桧135×135、120×120)	一部H鋼使用	○		一部	
		大引（桧90×90)	Y12通り新設			○	
		際大引（桧）	全体			○	新設
		根ガラミ（桧90×15)	全体		○		
		束（桧90×90)	全体		○		床束金物で固定
		根太（桧90×75＠364）タイコ落シ	全体	8本	○		
		根太（桧52×52＠360)	全体			○	
		際根太（桧52×52)	全体			○	
		土台火打（桧90×90)	全体	○			
	1階小屋	軒桁（松90×120)	全体	○			
		登り梁（松120×150)	全体	○			
		母屋（松90×120)	X12通りY59-65のみ保存	一部	○		
	2階床組	胴差（松135×135、120×150)	全体	○			
		鉄骨トラス・床梁（松135×240)	全体	○			
		構造用合板（厚さ12mm)	全体			○	新設
		構造用受材（桧120×60)	全体			○	新設
		根太・根太受（120Φ タイコ75＠4尺5寸)	全体			○	復元材の断面寸法および間隔変更：桧120×60
		水平ブレース（鉄筋16Φ)	図書室下ピロティのみ復元	○	一部		図書室下ピロティのみコボットに変更
	小屋	軒桁（松135×135)	全体	○			
		鉄骨トラス	全体	○			
		登り梁（松135×180)	全体	○			
		母屋・棟木（松90×90)	全体		○		復元材の断面寸法変更：杉105×105
		垂木（桧52×52＠454)	全体		○	一部	野地板 9尺割付から構造用合板割付に変更のため、増加部新設
		水平ブレース（鉄筋16Φ)	全体		○		
	軸	柱（杉120×120、135×135)	1本復元（Y16×50)	○	1本		
		間柱（杉36×36、52×36、120×36)	図書室、資料室は保存	一部	○	一部	合板ジョイント部新設
		筋かい（松135×135)	全体	○	一部	一部	耐震構造上の新設

部位	構成	部材	場所	保存	復元	新設	改修概要
(構造軸部)	(軸)	壁貫（120×15）	X47通りY1〜Y9のみ保存	一部	○		
		土塗壁（竹木舞厚さ70）	X47通りY1〜Y9のみ保存	一部	○		4年生教室（旧音楽室）は既存天井の上から新設復元施工、階段室上物置は保存
		構造用合板類	全体			○	界壁グラスロック新設、その他耐震壁新設間仕切り部は構造用合板
		ブレース	Y15通りX44〜X47	一部	○		耐震構造上の位置に新設、形状変更
1階床	床	床下断熱材	全体			○	ポリスチレンフォーム（t=20）
		ブナ縁甲板（厚さ18）	昇降口式台部分保存	一部	○	○	
1階壁	内壁	巾木（杉90×10）	全体		○		
		三角巾木（杉15×15）	全体		○		
		胴縁（杉40×20@454）	全体		○		
		下地ラス板（杉90×12@454）	ラワンベニヤ下地のみ		○		
		仕上ベニヤ壁（t=3）	全体		○		
		石膏ボード（t=9.5）	延焼線内（t=9.5）			○	
		仕上腰板壁（杉75×15）	全体		○		
1階廊下天井	天井	野縁	全体		○		
		天井板	全体		○		
1階天井	天井	野縁（杉45×45@455）	全体		○		
		野縁受（杉45×45@910）	全体		○		
		吊木（杉45×45@1,200）	全体		○		
		防震吊木金物	全体			○	
		天井板	全体		○		
		カーテン受枠（杉t=18）	川側		○		
ピロティ（図書室下）	柱	柱（杉）および足下金物	全体	2本	3本		構造計算上よりコボットへ変更
		木柱鉄板巻き	トイレ棟内は木製カバー		○		亜鉛鉄板巻きの上、ウレタン樹脂系ルーフ用塗装
	天井	ブレース	全体			○	構造計算上よりコボットへ変更
		天井	全体	○			
		野縁	全体	○	一部	○	

東校舎　部位・部材別保存および現状変更リスト

部位	構成	部材	場所	保存	復元	新設	改修概要
ピロティ (資料室下)	柱	ブレース	全体	○			
		柱(杉)および足下金物	全体	○			
		木柱鉄板巻き	全体			○	亜鉛鉄板巻きの上、 ウレタン樹脂系ルーフ用塗装
	床	デッキ材(栗)	全体			○	栗材90×20へ変更
		大引き、束	全体			○	栗材90×90へ変更
	天井	ブレース	全体	○			
		天井	全体			○	
1階スレート 屋根	天井表し	大波スレート	全体		○	○	新設大波スレート2枚重ねの間に 断熱材を入れる。
		断熱材	全体			○	ポリスチレンフォーム(t=25)
		ポリカーボネイト	廊下の一部分			○	光庭側屋根に建築当初の 光屋根を再現
	軒裏	大波スレート表し	全体			○	
2階床	床	遮音材	全体				アスファルト・鉋屑・石灰は撤去
		遮音シート	全体			○	
		遮音受バラ板	全体				撤去
		床仕上 (ブナ縁甲板 t=18)	資料室、図書室、 階段踊り場のみ保存	一部	○		
2階壁	内壁	巾木(杉90×10)	資料室、図書室は保存	一部	○		
		三角巾木(杉15×15)	資料室、図書室は保存	一部	○		
		胴縁(杉40×20@454)	すべて 資料室、図書室	○	○		
		下地ラス板 (杉90×12@454)	ラワンベニヤ下地のみ 資料室、図書室	○	○		
		仕上ベニヤ壁(t=3)	すべて 資料室、図書室	○	○		
		仕上ベニヤ壁(t=4+3)	資料室、図書室	一部	○		既存材の上に施工
		石膏ボード(t=9.5)	延焼線内(t=9.5)			○	
		ラワンベニヤ竪張り (t=18)	資料室	○			染み抜き
		焼杉板竪張り(t=18)	図書室	○			
		金揉紙＋伊予絣 千鳥貼り	資料室			○	
		銀揉紙貼り	図書室			○	
		仕上腰板壁(杉75×15)	全体	一部	○		

部位	構成	部材	場所	保存	復元	新設	改修概要
2階天井	天井	野縁（杉45×45）	図書室は保存	一部	○		
		野縁受（杉45×45）	図書室は保存	一部	○		
		吊木	図書室は保存	一部	○		
		天井材	図書室は保存	一部	○		
		下地ラス板（杉90×12）	資料室		○		
		天井材：銀揉紙貼り	図書室は保存 資料室は復元	○	一部		図書室は既存天井の上から 新設復元施工、一部アクリル板に より既存保存
		断熱材	全体			○	グラスウール24kg/m²（t=50）
		カーテン受枠（杉t=18）	川側		○		
2階屋根下地	厚形スレート 瓦下地	野地板（t=12）	全体			○	耐震構造にもとづき 構造用合板へ変更
		広小舞（杉105×30）	全体		○		
		鼻かくし（杉55×35）	全体		○		
		登り裏甲（杉105×30）	全体		○		
屋根瓦	厚形スレート 瓦	厚形スレート瓦	全体		○		
		アスファルトフェルト	全体		○		ゴムアスルーフィング （t=1.0）に変更
屋根軒裏	厚形スレート 瓦軒裏	一般軒天	延焼線以外		○		珪酸カルシウム板（t=6）、 有孔ボードEP塗装
		延焼ライン	延焼線内			○	30分耐火不燃材 （DAIKENノキライト〈t=12.5〉）
2階金属板 屋根（廊下）	天井表し	化粧垂木 （杉51×51@364）	全体	○			
		野垂木（桧36×51@364）	全体			○	二重構造にし断熱材を施工
		断熱材	全体			○	ポリスチレンフォーム（t=20）
		化粧野地板（杉t=12）	全体		○		
		構造用合板（野地板）	全体			○	
		広小舞（杉120×15）	全体		○		
		鼻かくし（杉51×30）	全体		○		
		登り裏甲（杉120×15）	全体		○		
		SUS製防虫網	全体			○	
		アスファルトフェルト	全体		○		ゴムアスルーフィング （t=1.0）に変更
		亜鉛鉄板瓦棒葺 （28#芯木有）	全体		○		亜鉛鉄板瓦棒葺（芯木無し）に変更
屋根軒裏	亜鉛鉄板屋根 軒裏	一般軒天	延焼線以外		○		珪酸カルシウム板（t=6）、 有孔ボードEP塗装
		延焼ライン	延焼線内			○	30分耐火不燃材 （DAIKENノキライト〈t=12.5〉）

東校舎　部位・部材別保存および現状変更リスト

部位	構成	部材	場所	保存	復元	新設	改修概要
階段		踏み板	全体	○			
		蹴込み板	全体	○			
		側桁	全体	○			
		手摺り	2階吹き抜け手摺り新設	○		2本	基準法により新設
建具		ガラス	図書室一部	一部	○		スクールテンパー4mmに内法下部を取り替え　図書室一部トーメイ硝子にカラーフィルム貼り復元
		建具	全体	全体補修	一部	一部	不良材取り替え　塗装ケレン後、再塗装
		ガラス廻り	全体			○	パテよりコーキングに変更
		網戸	全体			○	既存建具にデザインを統一　網はSUS製に変更
		金物：戸車	全体			○	ステンレス製に取替
		金物：レール	全体			○	
		金物：ネジ締まり錠	全体	○			
		金物：引き違い錠	全体			○	
		金物：クレセント	全体			○	
		金物：戸当たり、バネ	全体			○	
室内開口部	建具・開口部廻り	敷居			一部	一部	
		鴨居			一部	一部	
		方立・見切			一部	一部	
		膳板	全体	○	一部		
外部開口部	建具・開口部廻り	敷居・水切り	川側のみ復元　図書室除く	○	一部		網戸新設のため形状変更　水切り：亜鉛鉄板へ
		鴨居・水切り	川側のみ復元　図書室除く	○	一部		網戸新設のため形状変更　水切り：亜鉛鉄板へ
		方立・見切	川側のみ復元　図書室除く	○	一部		網戸新設のため形状変更　水切り：亜鉛鉄板へ
造作家具	家具	造作家具	全体	他		一部	不良材取り替え　塗装ケレン後、再塗装
		黒板・掲示板	全体	○		一部	使用可能部材を残し　黒板部のみ新設
		傘立て・雑巾掛け	全体	○			ケレン下地処理後SOP塗装
外壁		力骨・ラス網　モルタル刷毛引き	全体			○	ダブルラス網に変更
		リシン吹付	全体			○	
		出窓部（石綿スレート平板）	全体			○	珪酸カルシウム板(t=6)に変更
		断熱材	全体			○	ポリスチレンフォーム(t=30)
床下換気口		換気口	全体	○			基礎天端よりH=70

部位	構成	部材	場所	保存	復元	新設	改修概要
小庇	北側	亜鉛鉄板	全体		○		ガルバリウム鋼板に変更
		受け金物	全体	○			
		波形スレート	全体		○		
		杉板	全体		○		
庇	南側（川側）	小波形スレート	全体		○		
		持ち出し金物	全体	○			ビス類はSUS製で復元
木製日よけ	木製ブリーズソレイユ	木製ルーバー（杉150×30-6列）	全体		○		
		持ち出し金物（L-40*40*5）	全体		○		
外部手摺り	ベランダ手摺り	木製（杉）	全体		○		
		金属製	全体	○			
	開口部手摺り	金属製	全体		○		ビス類はSUS製で復元
ベランダ	柱	柱（杉）	全体	○			
		脚元金物	全体		○		
		木柱鉄板巻き	トイレ棟内は木製カバー		○		亜鉛鉄板巻きの上、ウレタン樹脂系ルーフ用塗装
	床	根太	全て		○		
		床スノコ	全て		○		
	天井	一般軒天	延焼線以外		○		珪酸カルシウム板（t=6）EP塗装
		延焼ライン	延焼線内			○	30分耐火不燃材（DAIKENノキライト〈t=12.5〉）
外部鉄骨階段		階段	全体	○			修理保存
		基礎	全体			○	構造計算により新設
		嵩上げ手摺り	全体			○	既存手摺りの上、嵩上げ手摺り新設
新設鉄骨階段	鉄骨階段	階段	全体			○	基準法により新設
		基礎	全体			○	基準法により新設
	風除壁	屋根：ガルバリウム鋼板	全体			○	
		壁：ガルバリウム鋼板	全体			○	
		鉄骨柱：溶融亜鉛メッキ	全体			○	
樋		軒樋	全体		○		ガルバリウム製復元：120/2Φ工場製作 ウレタン樹脂系ルーフ用塗装
		縦樋	全体		○		ガルバリウム製復元：120/2Φ工場製作 ウレタン樹脂系ルーフ用塗装
		樋受け金物	全体		○		SUS既製品 軒樋：ビス止メ、竪樋：柱打込み
		縦樋養生管	全体		○		鋼管104.5Φメッキ ウレタン樹脂系ルーフ用塗装

東校舎　部位・部材別保存および現状変更リスト

部位	構成	部材	場所	保存	復元	新設	改修概要
塗装		木部	全体		○		SOP塗装
		床板のみ	全体		○		自然系木部用浸透性着色剤
		ベニヤクリア部	全体		○		とのこ下地合成樹脂クリア塗装
		珪酸カルシウム板	全体		○		EP塗装
		鉄骨部	全体		○		SOP塗装
		無石綿大波スレート	全体		○		水系反応硬化型ウレタン樹脂塗装
		亜鉛鉄板・ガルバリウム鋼板	全体		○		ウレタン樹脂系ルーフ用塗装
		鉄骨部	全体		○		SOP塗装
ブラインド	川側	スダレ	全体		○		スダレロールブラインドに変更
サイン			全体	○		一部	
電気設備		図書室照明は復元、図書室・2F教室スピーカーカバーは再利用	全体	一部	一部	○	
給排水設備		普通教室手洗い器は再利用	全体	一部		○	
トイレ棟	基礎	便層のみ一部保存	全体	一部			
	柱	図書室既存柱を木製で覆う	全体	○			
	ブレス	鋼製	全体	○			
開放廊下	手摺り	2階廊下手摺り	全体	○			

第2部

工事記録

第7章

改築工事

トイレ棟改築工事

　既存トイレ棟は、鋼管柱に木造母屋大波石綿スレート屋根が載り、東校舎の柱が貫通する吹きさらしの建物であった。出入りは外部から下足である。出入口は外部から土足入り、汲み取り式便漕が残っていたが水洗式に改修されていた。

　改築したトイレ棟は木造で上足ゾーンとした。便器は水洗である。屋根は東校舎の既存柱に元どおり取り付けた。また、面積は小さくしたが、高さおよび屋根形状は変えていない。

撤去したトイレ棟内部

竣工後のトイレ棟（左：外観、右：内部）

開放廊下改築工事

既存の開放廊下（中・東校舎の渡り廊下）は、鉄骨アングル柱の構造で東校舎と一体であったが、建築基準法により独立した鉄骨構造の開放廊下にした。

中校舎とは切り離し、東校舎とはエクスパンションジョイントで接続した。外観意匠は建設当初と同様に中校舎と連続させた。

渡り廊下の北側外観（左：改修前、右：改修後）

渡り廊下の南側外観（左：改修前、右：改修後）

渡り廊下の内部（左：改修前、右：改修後）

外構工事

川側の安全対策と避難のために、新たにウッドデッキとフェンスを設置した。

ウッドデッキ全景

フェンス

復元木製持ち出しデッキ

ウッドデッキ

新西校舎改築工事

　新西校舎は、4つの普通教室を確保する目的で、中・東校舎の隣に建設された。

　文化財的価値の高い既存校舎との調和、松村正恒の思想の継承に配慮したうえで、さらに現代の新しい学習環境にふさわしい建築的性能、温熱環境、安全性やバリアフリーの視点からも十分に考慮した建築をめざしている。

松村建築の継承

　松村正恒によるモダニズムデザインの手法を引き継ぎ、水平線を強調した既存部のデザインを生かすべく、床・建具内法・軒レベルを揃えて既存校舎との調和を図った。

透明性をもたらす構造形式

　既存校舎のハイブリッドでモノコックな形式に近い構造に対して、新西校舎は、外周部は耐震要素をなるべくとらないブレース構造とし、中央部を地元集成材による厚板壁式構造、2階床を重ね格子梁による構造形式とし、さらに透明性のある建築をめざした。

川側外観

地元集成材による厚板壁式構造

左から新西校舎、中校舎、東校舎。水平ラインを通し、統一感を生み出した

地元集成材による2階床の重ね格子梁

新西校舎改築工事

子どもの視点による空間づくり

　中・東校舎には子どもたちのコミュニケーションの場の演出や、彼らの視点に立ったデザインがある。新西校舎でもそれを継承し、さまざまな工夫をした。

新しい教育方法に対応したデザイン

　教員の工夫次第で教科学習を超えた使い方が可能になった緩やかなオープンタイプのプランとした。教室とつながりをもたせた多目的空間などを設けることで、より柔軟な学習環境を創出している。

　教室の家具はすべて可動式で、少人数教育や複式学級などにも対応できる。展示・観察・自習用カウンターを設置した窓側の設えは、東校舎での工夫をさらに現代的で多機能なものにしたのである。

　隣接する中校舎との間には新たな屋外学習空間を設けた。イロハもみじを移植し、将来は緑陰で読書ができるようなことも意図している。

明るい水廻り

オープンタイプの普通教室

運動場を臨むベンチ

観察台・展示台・自習机を兼ねるカウンター

教師にも新しい居場所を

　職員室以外の教師の居場所として、教室に隣接する位置にステーションを設け、教材や図書、作品の壁面収納を確保した。

各階に設けられた教師ステーション

2階普通教室より多目的コーナーを望む

中校舎との間に設けられた屋外学習空間

新西校舎改築工事

快適に学べる屋内環境

　外装まわりはすべて、強化ペアガラス・高気密高性能木製サッシを使用し、開口部の断熱性と気密性の向上を図った。段窓構成にしており、オペレーター操作による通風換気が可能である。夏には地窓から川の涼風を取り入れることができる。
　ブリーズソレイユは日照調整だけでなく、光線をを天井へ反射するリフレクターとしても機能する。トップサイドライトは2階中央廊下部分への採光に加え、その一部の床をガラスにすることで1階にも光を落としている。
　上下階の遮音は2階床を6層の浮き床構造にすることで対応した。

安全への配慮

　開口部は全面強化ガラスとし、2階部分には落下防止を兼ねた手摺付きのメンテナンスバルコニーを設置した。

メンテナンスバルコニー

開口部のディテール。ブリーズソレイユはリフレクターを兼ねる

校舎を結ぶバリアフリー

　屋内運動場の既存スロープへ、新西校舎に新設したスロープをつなぐことによって東校舎まで車いすでの移動が可能になった。各階にはトイレとハンデキャップ用トイレを設置した。さらに川側にウッドデッキを新設し、安全性と親水性を高めている。

南側ウッドデッキ

みんなのトイレ

屋内運動場へのスロープ

工事の工程

		調査・準備	解体工事	仮設工事	基礎工事	木工事	屋根・樋工事	左官工事	鉄骨工事	木製建具工事	ガラス工事	金物工事	家具工事	防水工事	塗装工事	内装工事	床工事（フローリング）	美装工事	電気設備工事	給排水衛生設備工事	空調設備工事	外構工事	西校舎建築主体工事
平成20年度	8																						準備
	9			準備															準備	準備	準備		掘削・砕石・配筋・型枠・コンクリート
	10	現況調査															既設撤去		既設撤去	既設撤去	既設撤去	外部ステージ杭打	集成材作成
	11		解体工事	外部足場設置期間																			
	12				掘削・砕石・配筋・型枠・コンクリート	建て起こし・耐力補強工事・床下地・天井下地・内部造作													屋外配管	屋外配管			キュービクル基礎／外部建具／1階造作
平成21年度	1						スレート瓦葺き																
	2						亜鉛鉄板瓦棒葺											配管 壁・天井内配管	配管		2階造作／消火ポンプ室
	3							中・東外壁モルタル下地・仕上／トイレ棟モルタル下地・仕上	既存階段補修・既存階段取付	新設木建製作・既存木建補修・建具合わせ・調整	新設甲丸レール取付・既存ガラスコーキング固定	柱脚金物取付						器具設置 キュービクル設置	器具設置	器具設置		内装／美装
	4						大波・小波スレート葺き・軒・堅樋取付		新設階段取付			柱脚金物取付	新設家具製作・既存家具補修		各所木部ケレン・外壁塗装・内部天井・壁・床塗装	各所塗装・内部天井・家具・コルク張り・各所コーキング	Pタイル・クロス・コルク張り・OAフロアー					ウッドデッキ	
	5													シート防水・各所コーキング			フローリング張り					プラットフォーム／消火水槽／土間モルタル／フェンス	
	6																	美装	試験・調整	試験・調整	試験・調整		

工事名：国補学監第14-号第2日土 小学校改築改修（中・東校舎）建築主体工事
工期：自 平成20年9月26日　至 平成21年6月30日

［付帯工事］
国補学監第14号-3　日土小学校改築改修電気設備工事　　　　　　　　工期：自 平成20年9月19日　至 平成21年6月30日
国補学監第14号-4　日土小学校改築改修（西校舎）機械設備工事　　　　工期：自 平成20年9月23日　至 平成21年6月30日
国補学監第14号-5　日土小学校改築改修（中・東校舎）機械設備工事　　工期：自 平成20年9月19日　至 平成21年6月30日
国補学監第14号-6　日土小学校改築改修外構整備工事　　　　　　　　工期：自 平成20年9月19日　至 平成21年6月30日
国補学監第14号-1　日土小学校改築改修（西校舎）建築主体工事　　　　工期：自 平成20年8月23日　至 平成21年3月31日

第 2 部

工事記録

第 8 章

図面資料

設計原図（八幡浜市役所蔵）

中校舎 平面図・立面図・軸組図

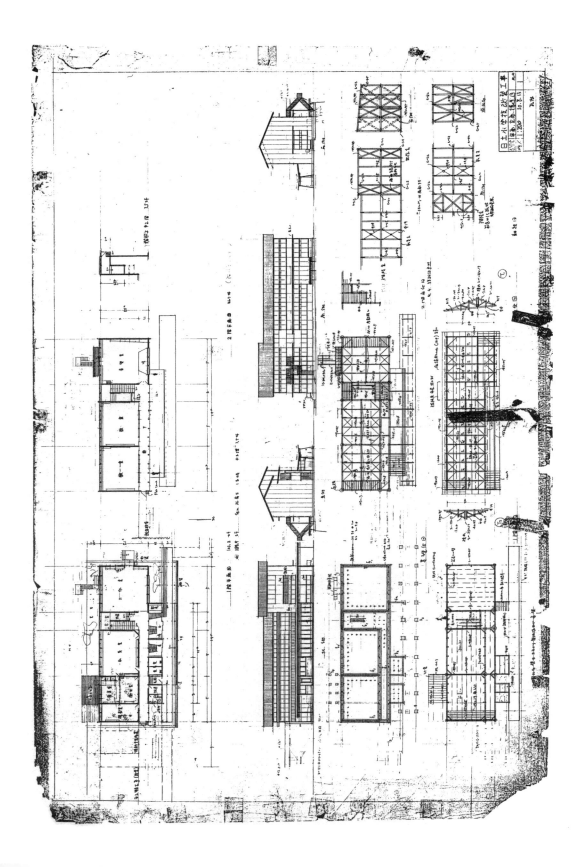

中校舎 展開図（教室）

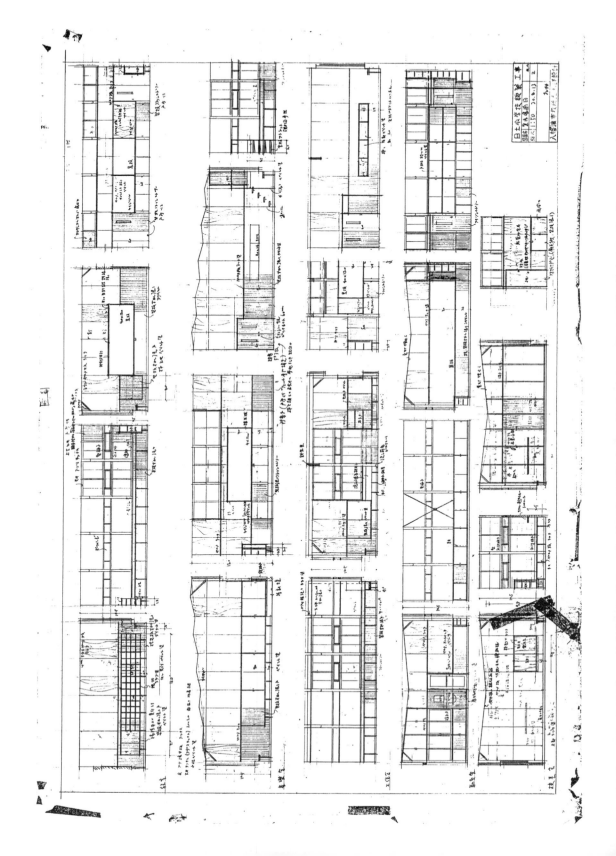

設計原図（八幡浜市役所蔵） 中校舎 矩計図（昇降口〜廊下〜南面開口部、音楽堂、外部通路）

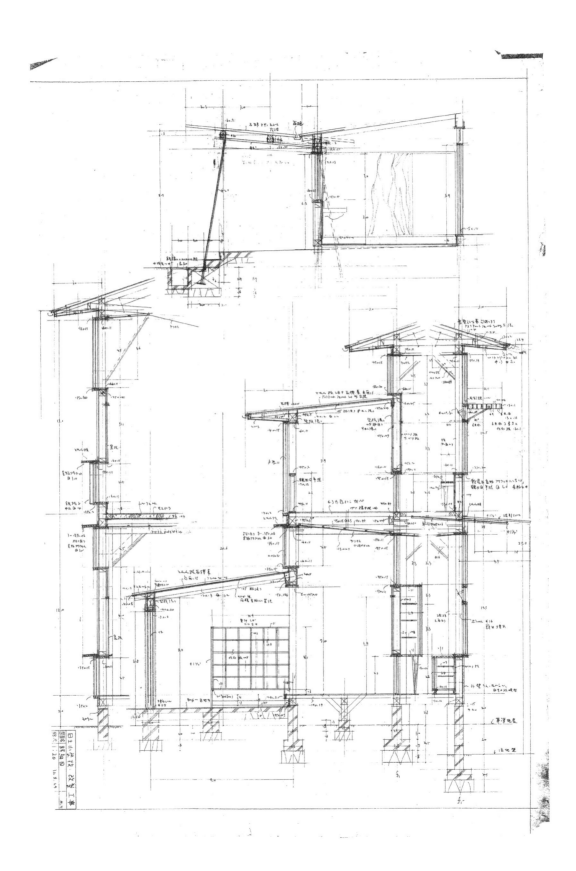

中校舎 矩計図（外部階段）

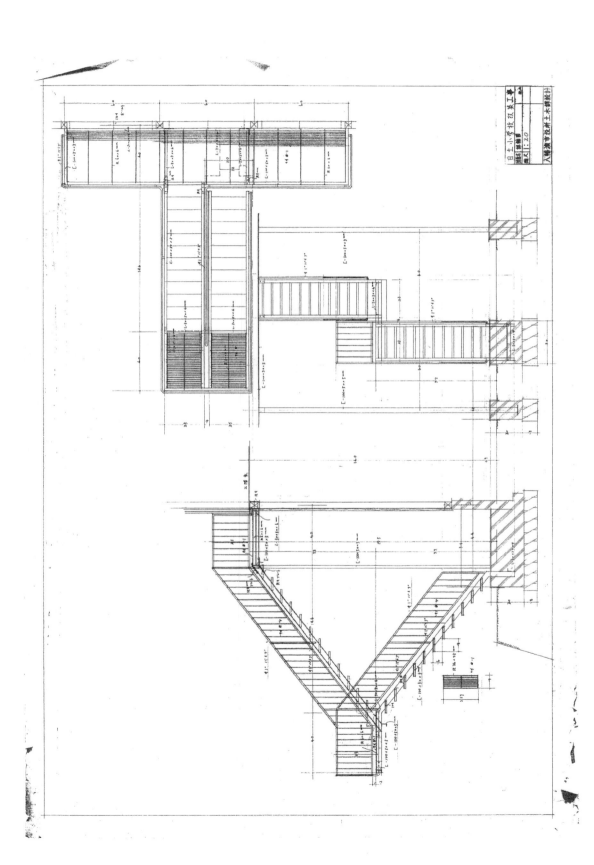

設計原図（八幡浜市役所蔵）

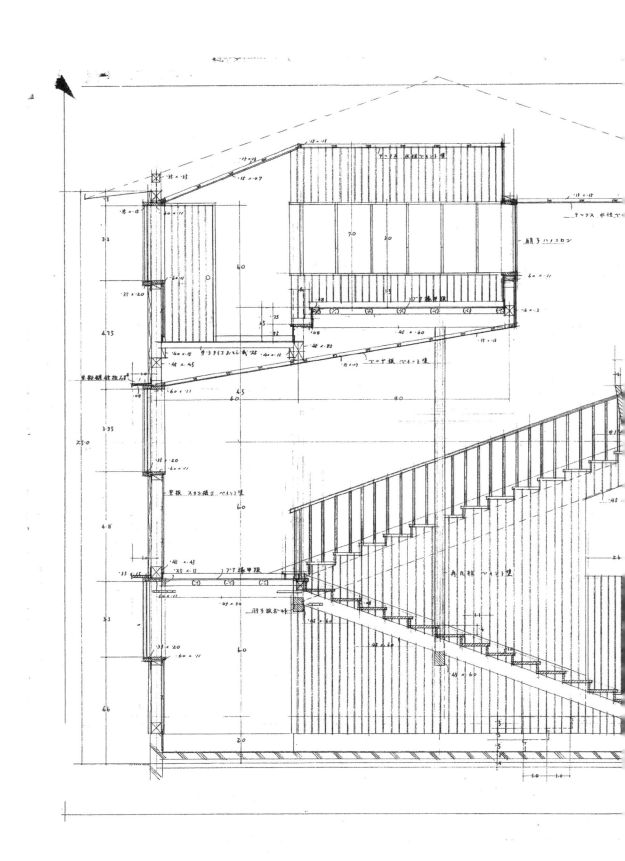

中校舎 矩計図（階段）

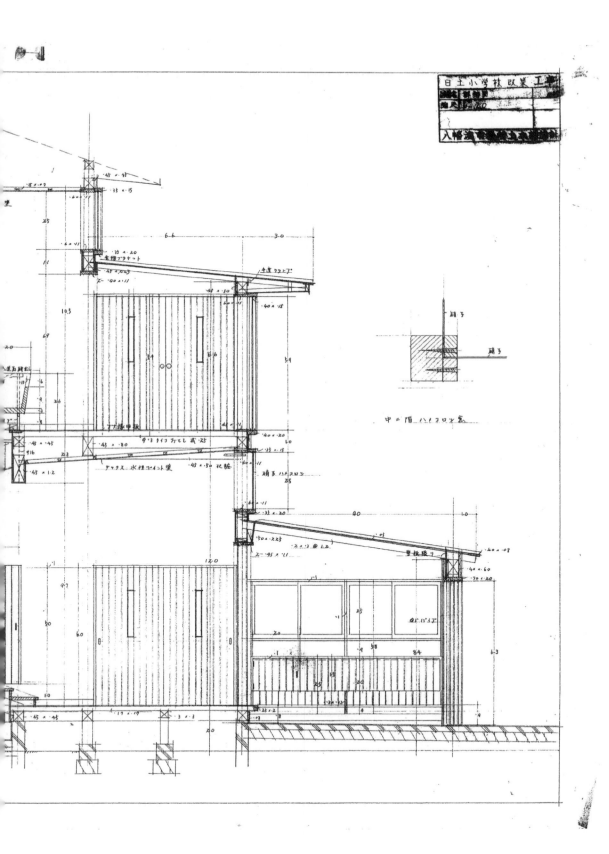

設計原図(八幡浜市役所蔵)

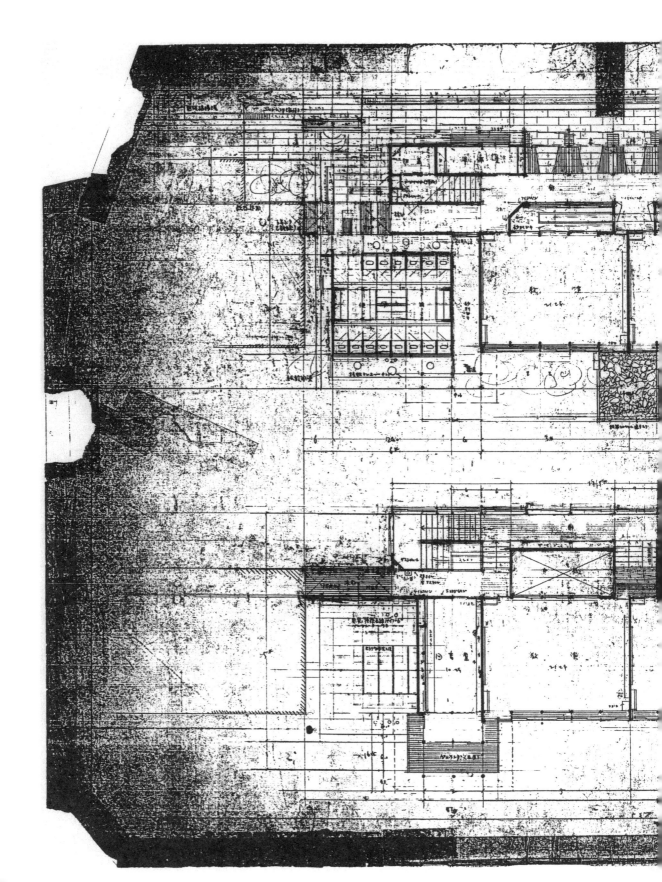

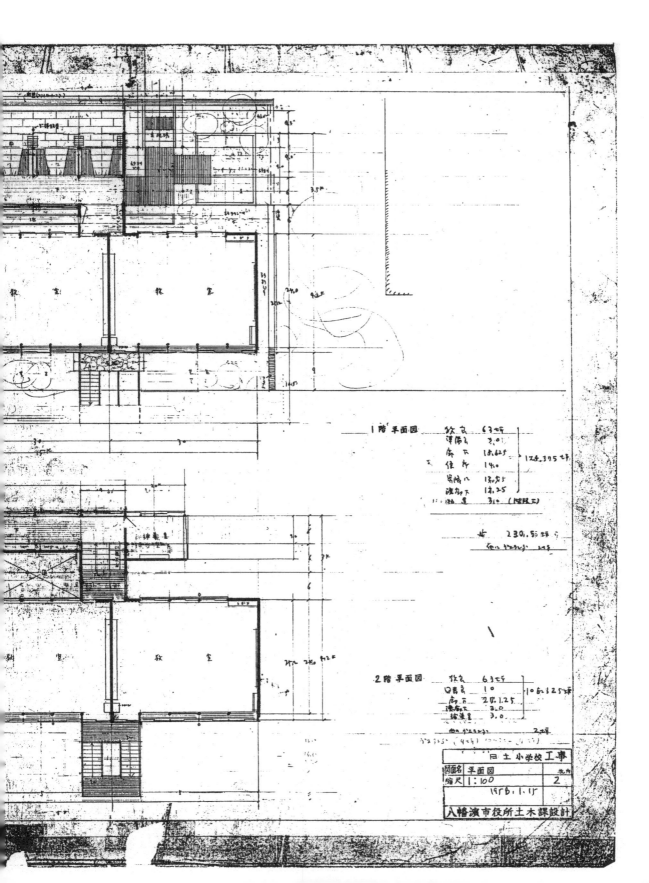

設計原図（八幡浜市役所蔵） 東校舎 立面図

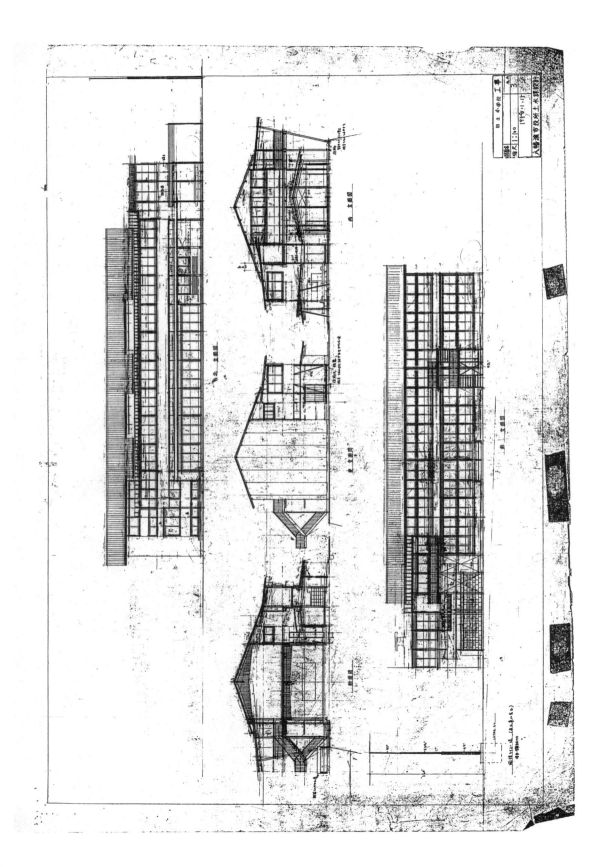

東校舎 展開図（教室、図書室、階段）

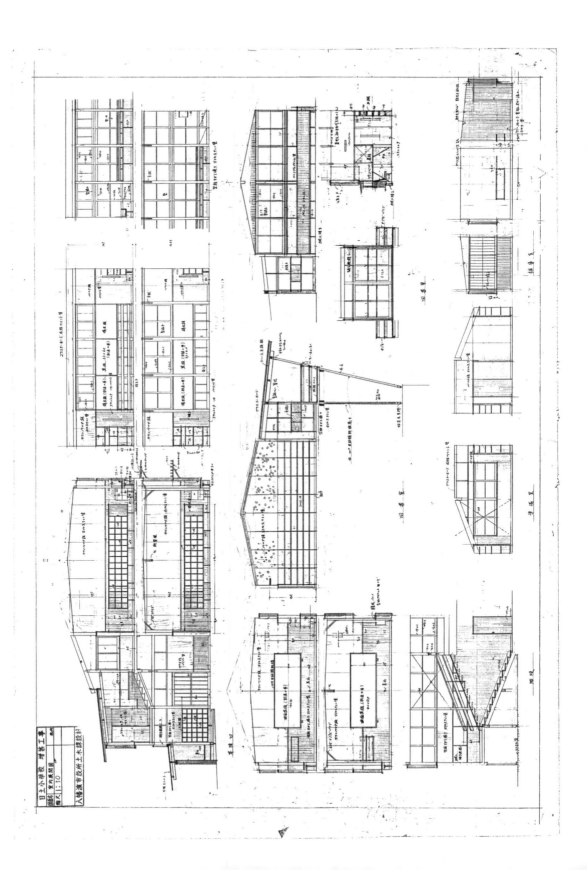

設計原図（八幡浜市役所蔵）

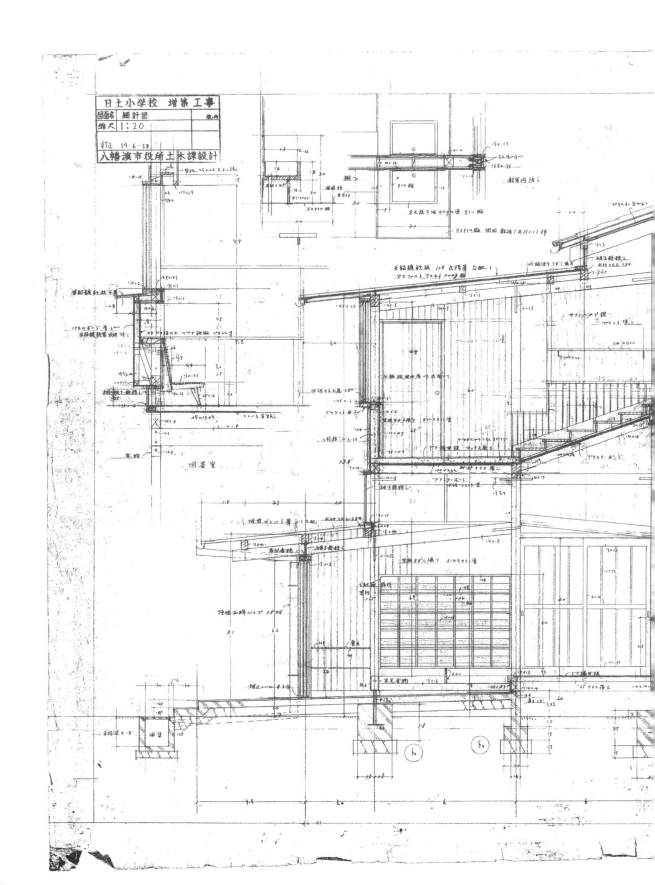

東校舎 矩計図（昇降口〜教室）

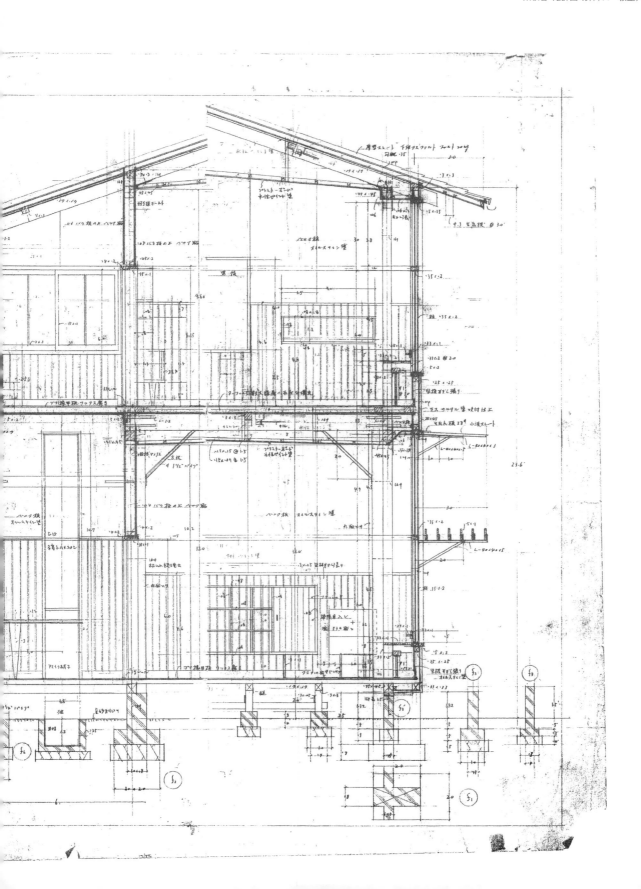

設計原図（八幡浜市役所蔵）

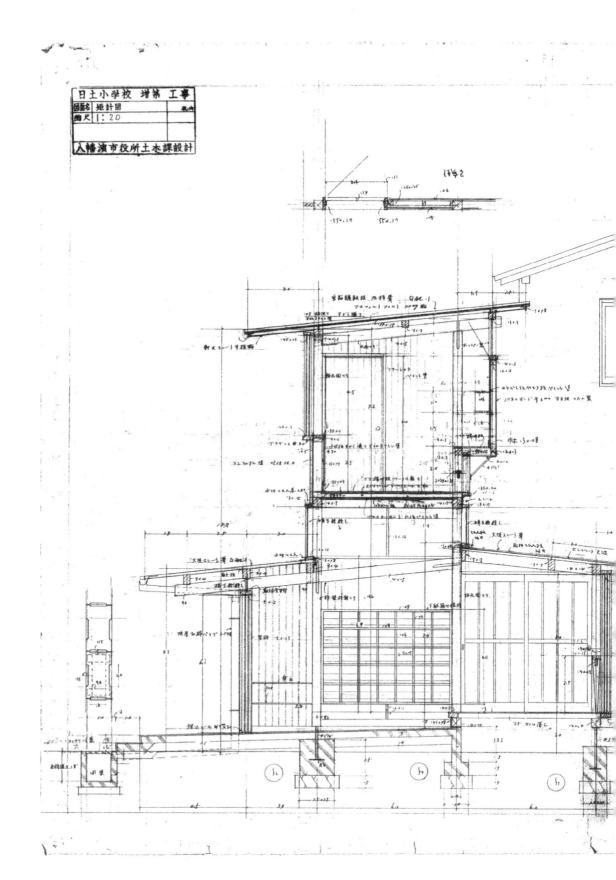

東校舎 矩計図（昇降口〜中庭〜教室）

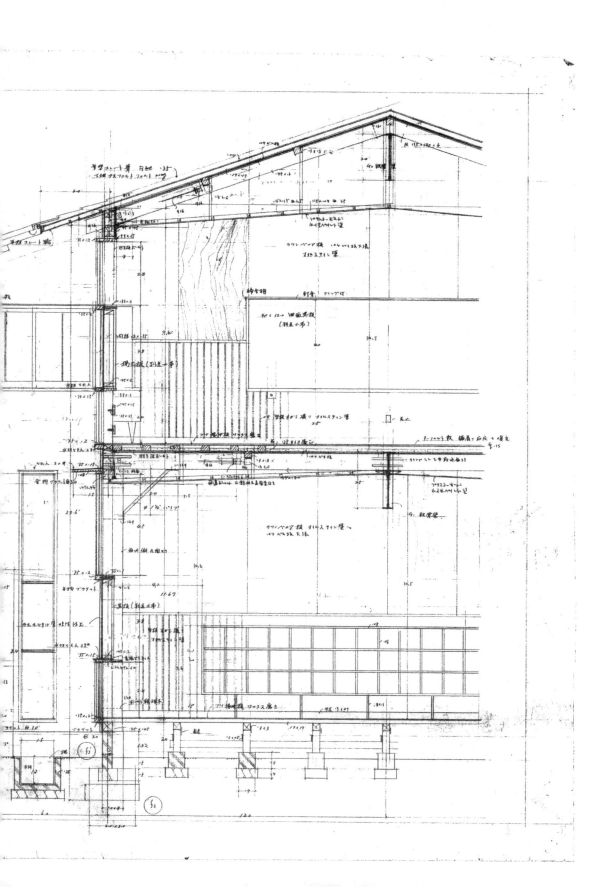

設計原図（八幡浜市役所蔵） 東校舎 矩計図（図書室〜バルコニー）

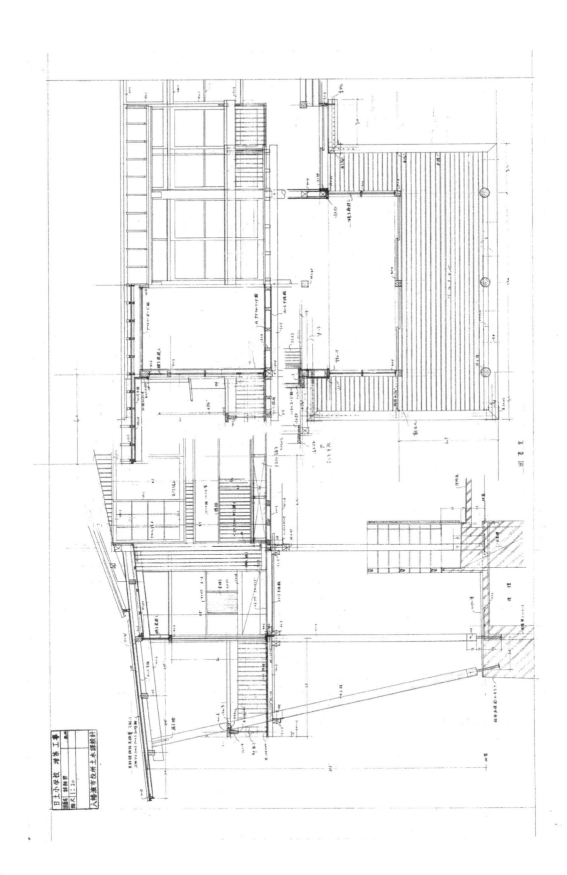

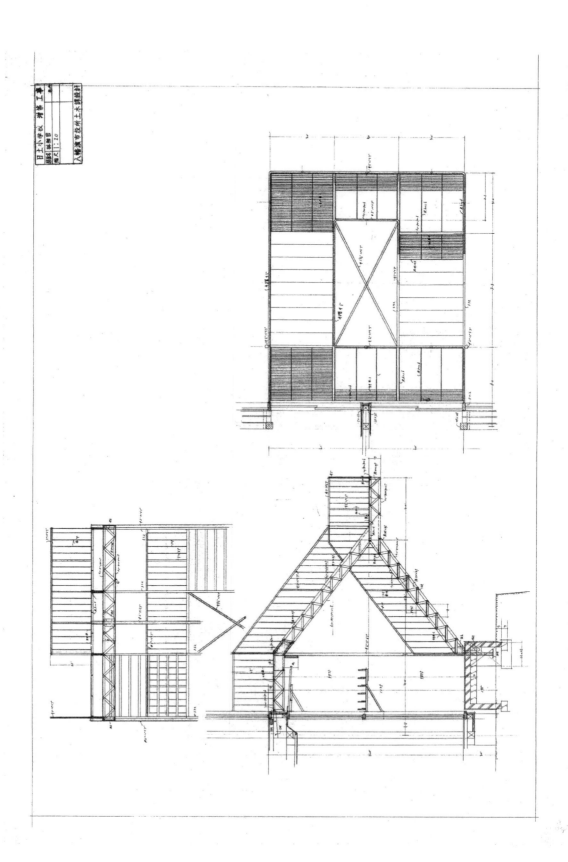

改修前調査図面 配置図 1/800

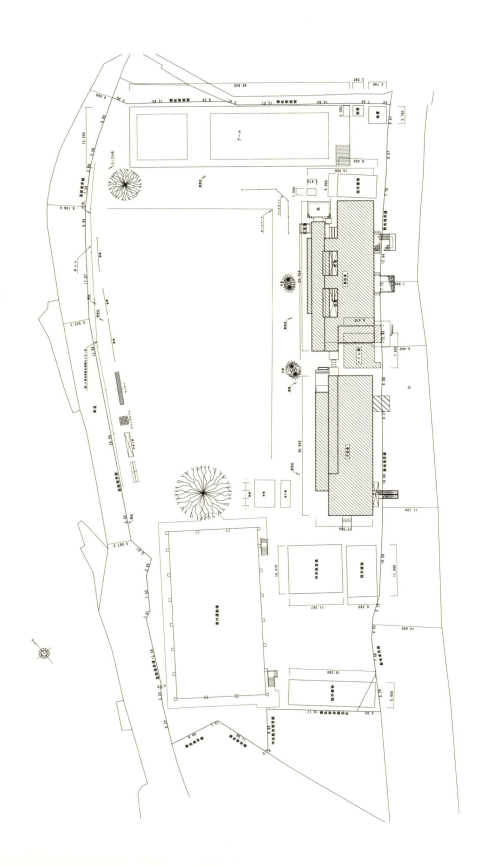

中校舎 1階平面図 1/250

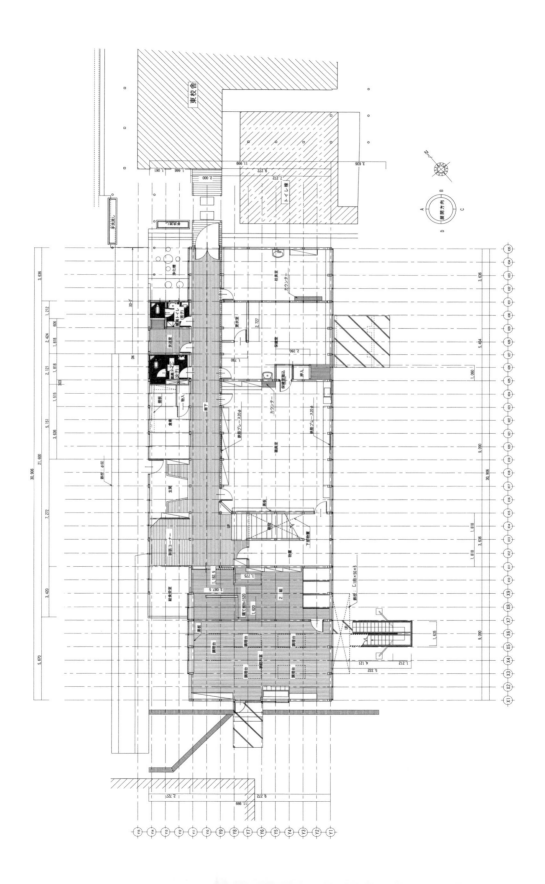

改修前調査図面

252

中校舎 2階平面図 1/250

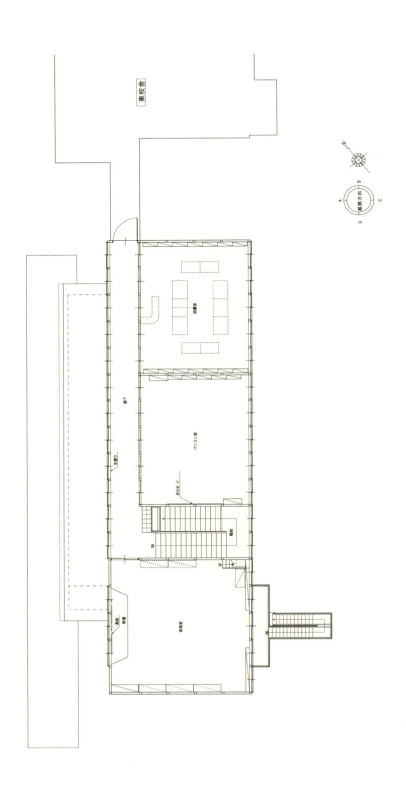

1　中校舎　北側立面図　1/250
2　中校舎　西側立面図　1/250

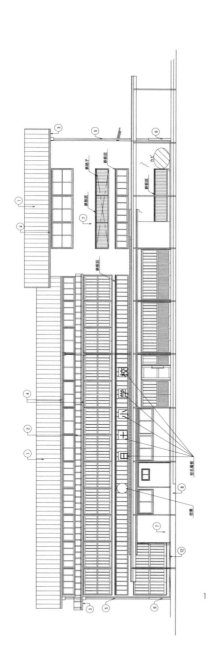

改修前調査図面

1 中校舎 南側立面図 1/250
2 中校舎 東側立面図 1/250

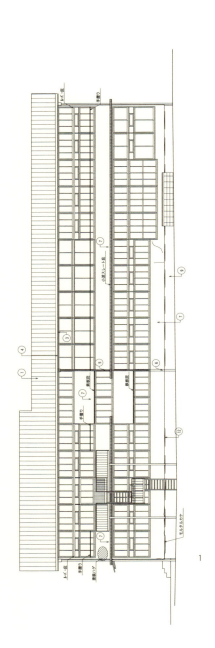

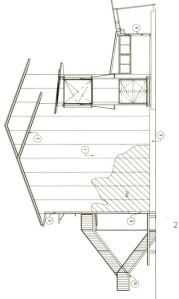

中校舎 矩計図-1 1/100

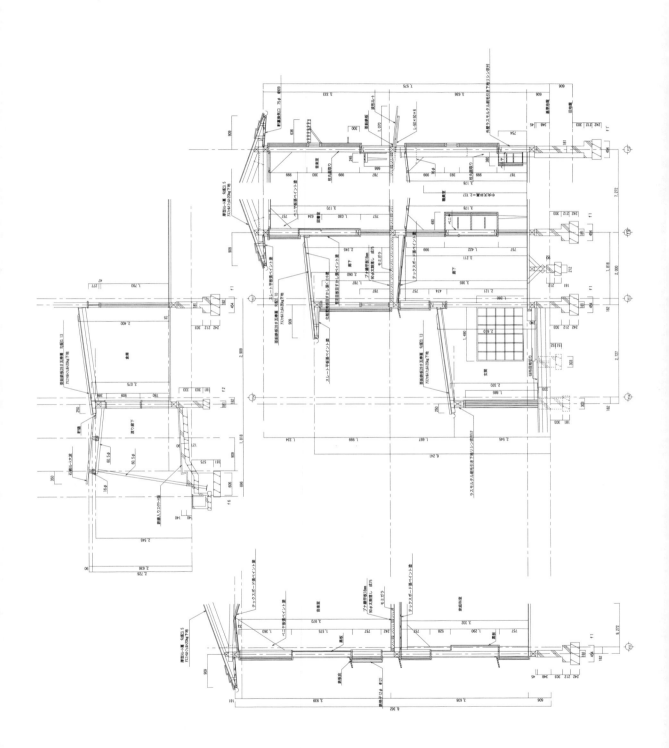

改修前調査図面 中校舎 矩計図-2 1/100

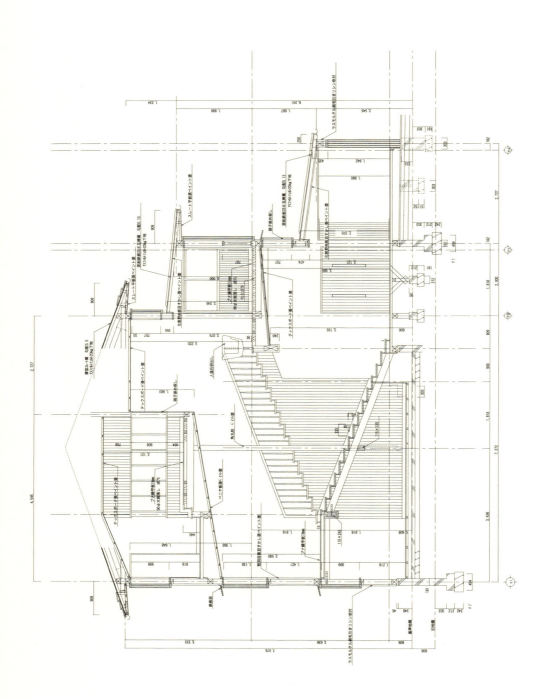

東校舎 1階平面図 1/250

改修前調査図面

東校舎 2階平面図 1/250

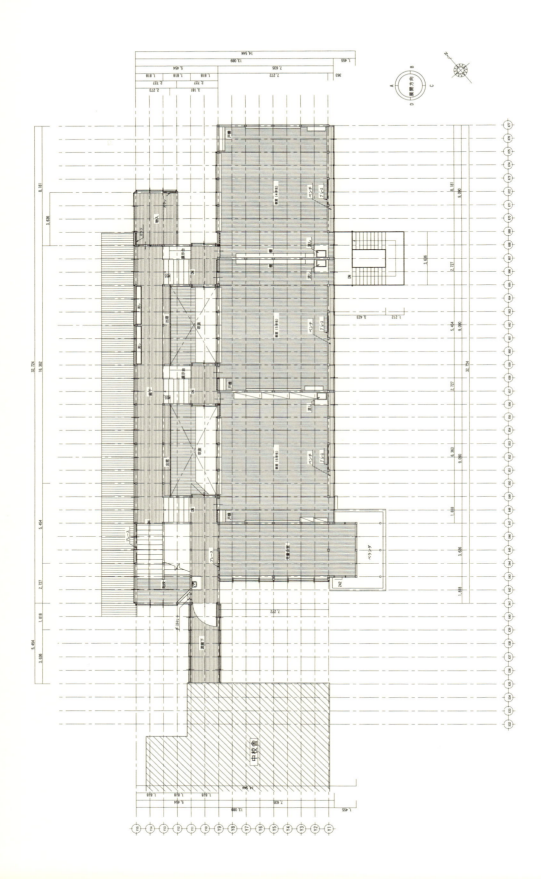

1 東校舎 北側立面図 1/250
2 東校舎 南側立面図 1/250
3 東校舎 東側立面図 1/250
4 東校舎 西側立面図 1/250

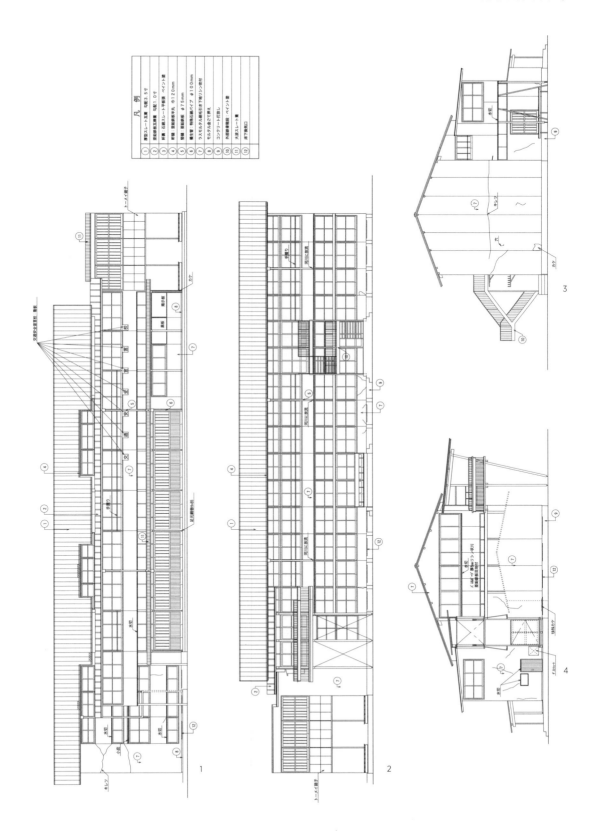

改修前調査図面

1 東校舎 教室内流し 1/100
2 東校舎 児童会室 1/100
3 東校舎 矩計図-1 1/100

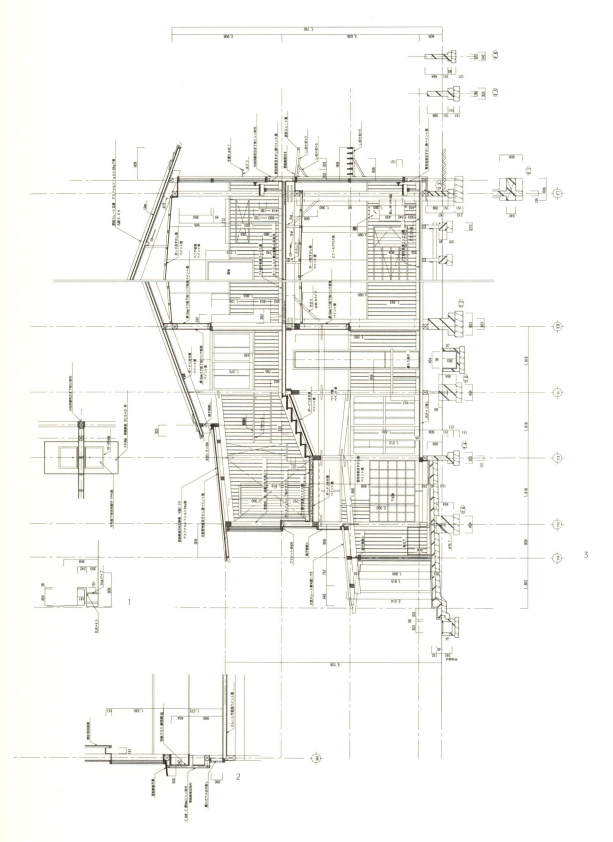

東校舎 矩計図-2 1/100

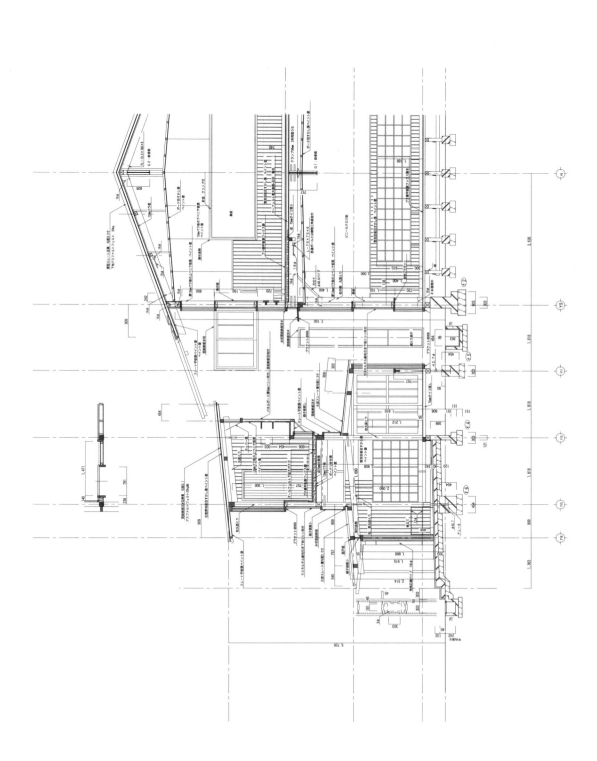

改修前調査図面 東校舎 ベランダ詳細図 1/100

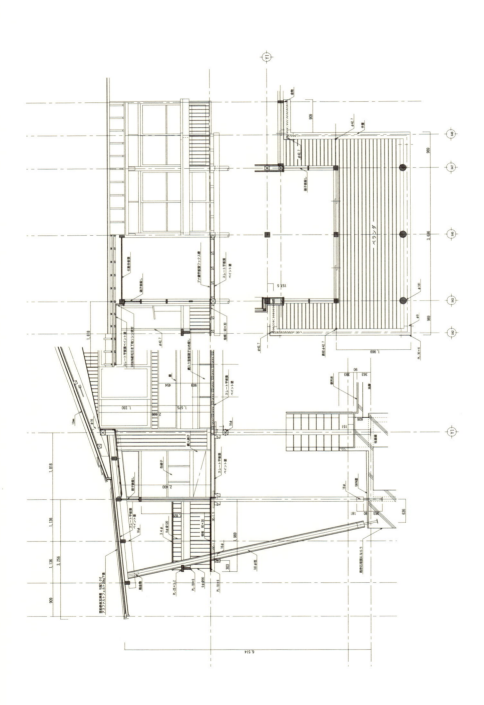

東校舎 渡廊下詳細図 1/100

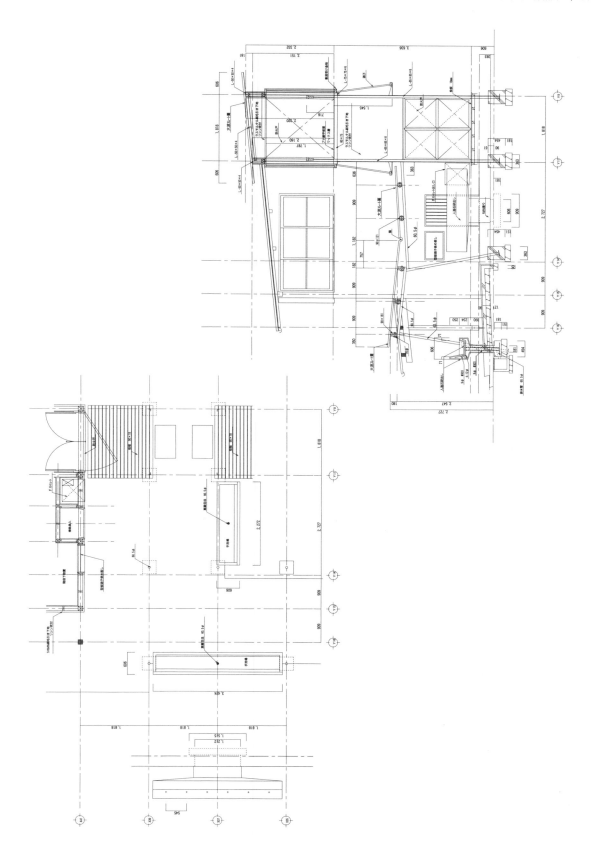

改修前調査図面

1　東校舎　矩計図　1/100
2　東校舎　トイレ棟　平面図　1/100

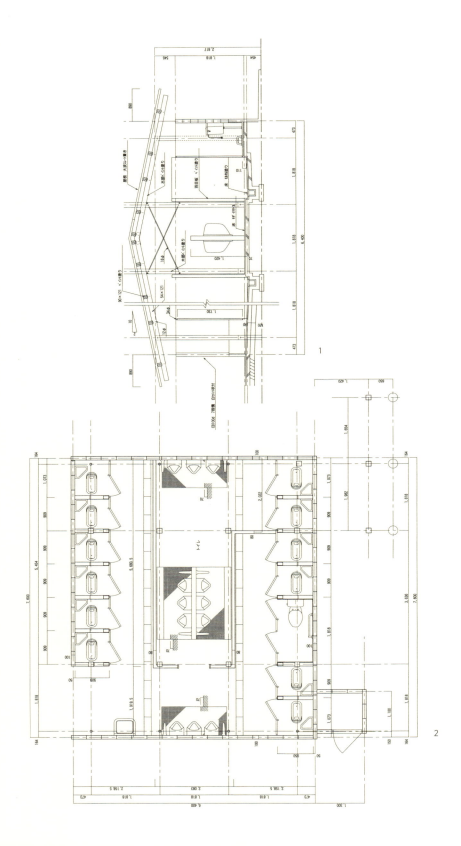

改修後図面

配置図

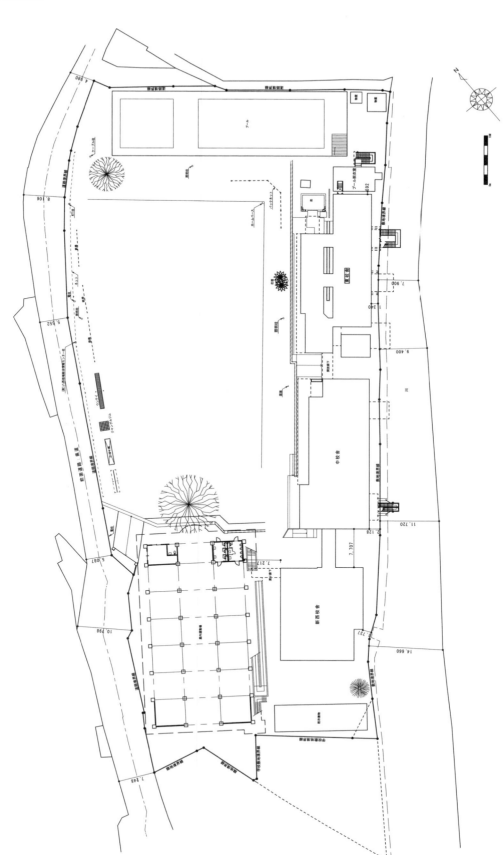

改修後図面

中校舎 1階平面図

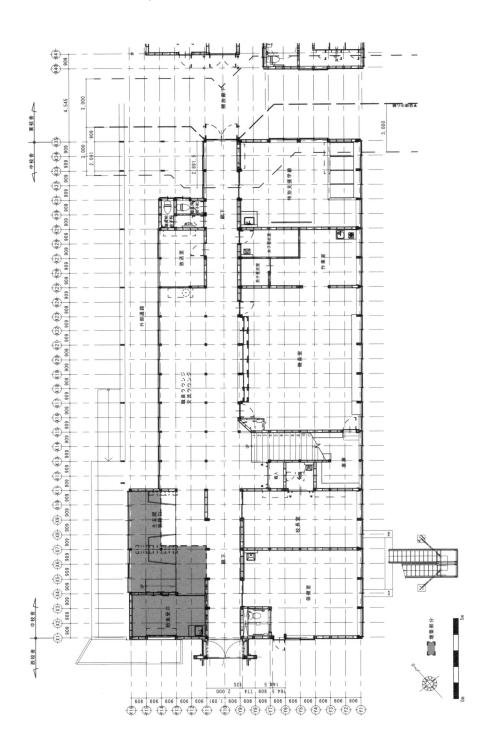

1 中校舎 中2階平面図
2 中校舎 2階平面図

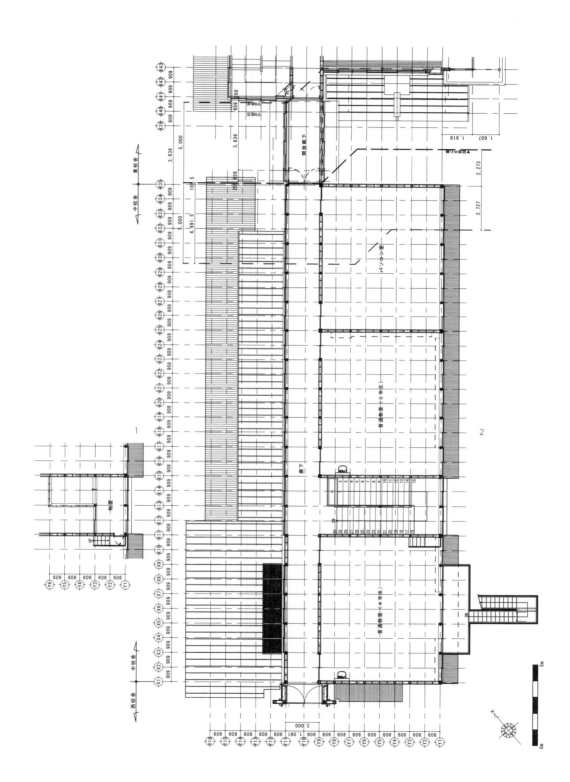

改修後図面 中校舎 屋根伏図

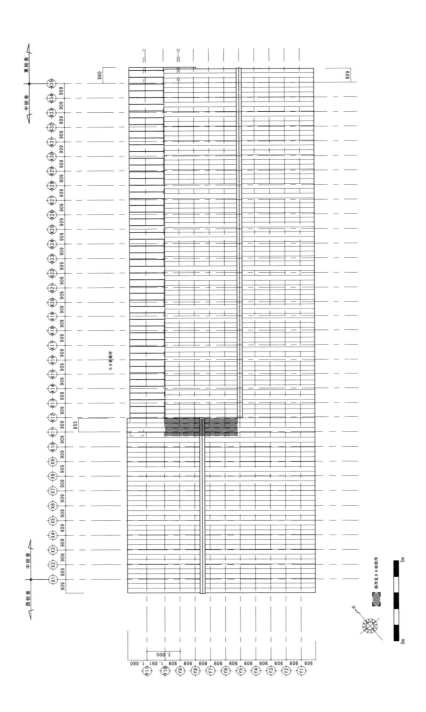

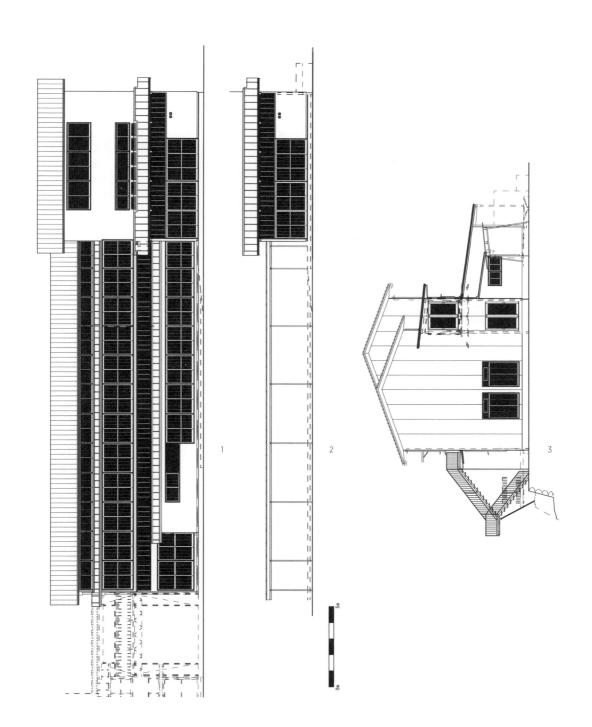

1 中校舎 北側立面図-1
2 中校舎 北側立面図-2
3 中校舎 東側立面図

改修後図面

1 中校舎 南側立面図
2 中校舎 西側立面図

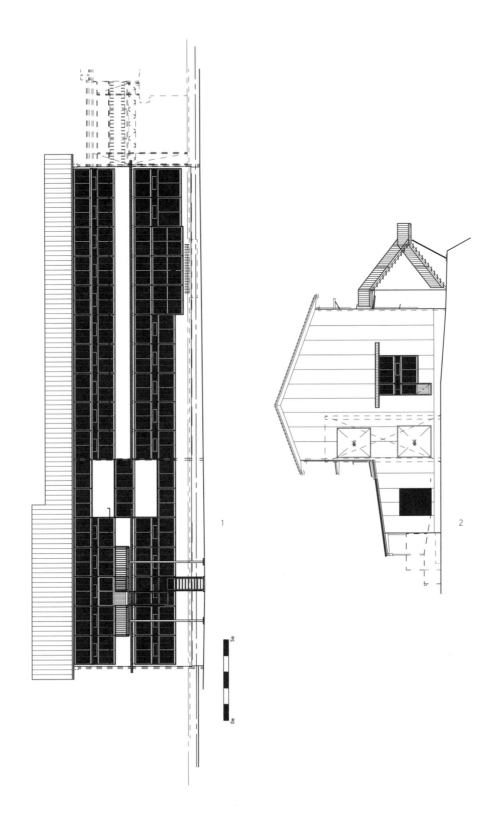

中校舎 断面詳細図-1

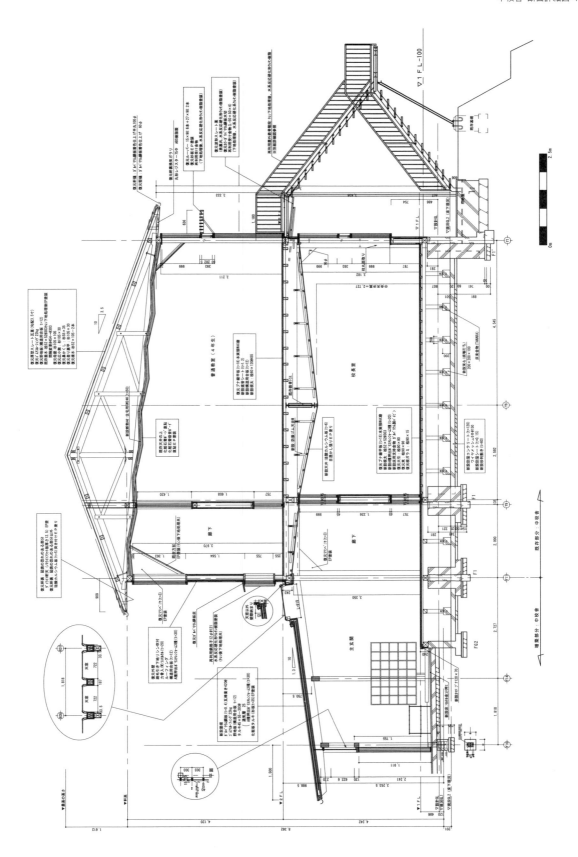

改修後図面

1 中校舎 断面詳細図-2
2 中校舎 外部通路断面詳細図
3 中校舎 断面詳細図-3

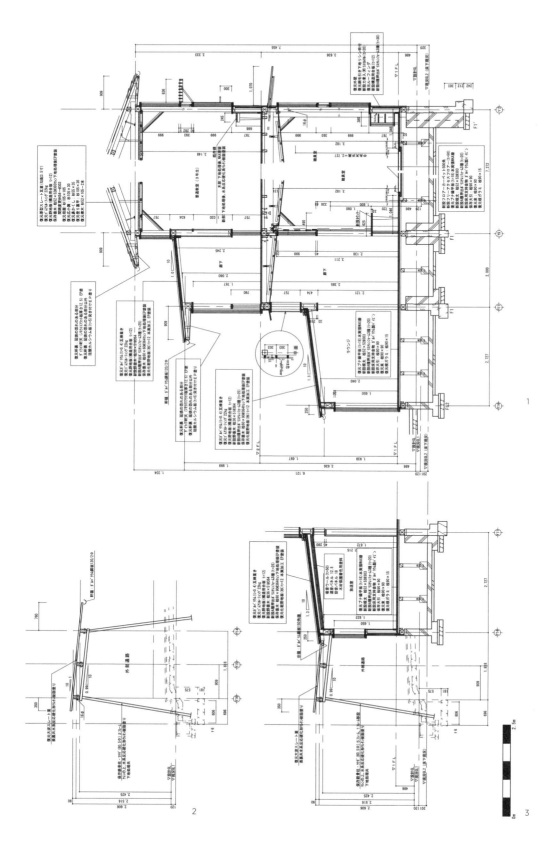

東校舎 1階平面図

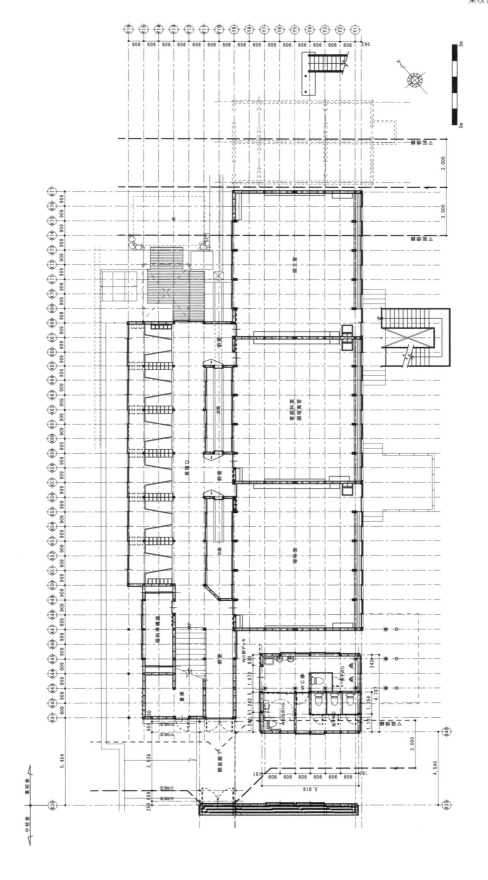

改修後図面

東校舎 2階平面図

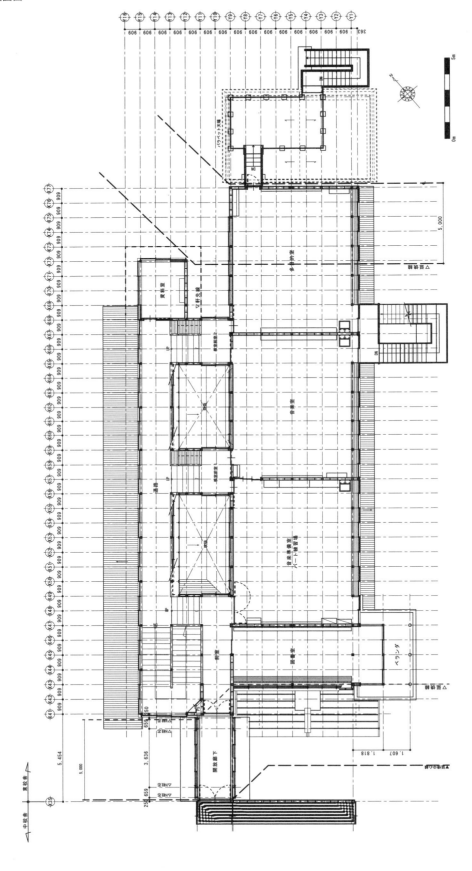

東校舎 1階屋根伏図

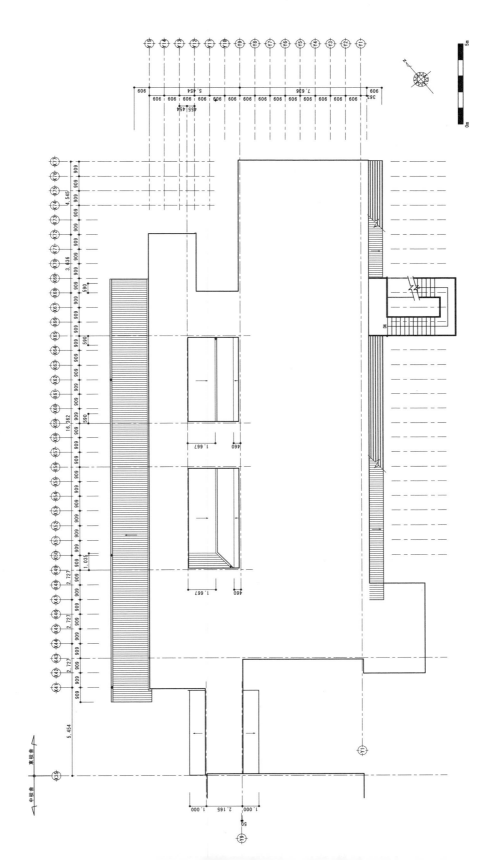

改修後図面 東校舎 屋根伏図

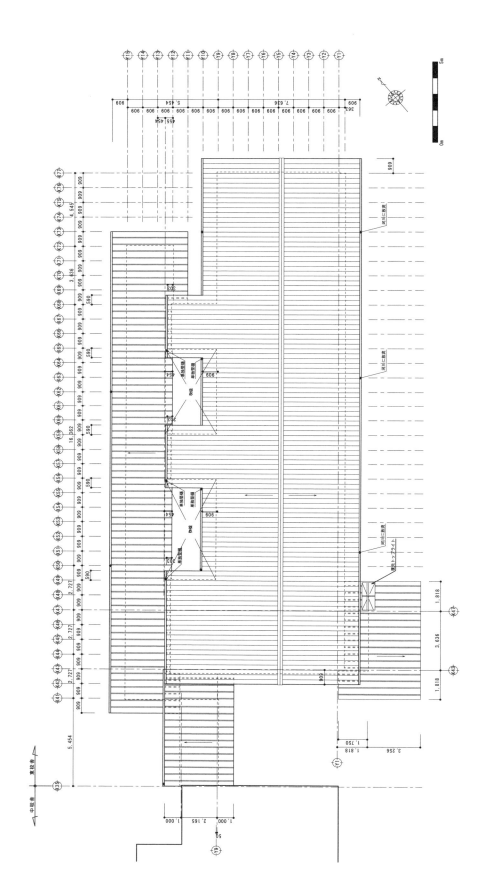

1　東校舎　北側立面図
2　東校舎　東側立面図

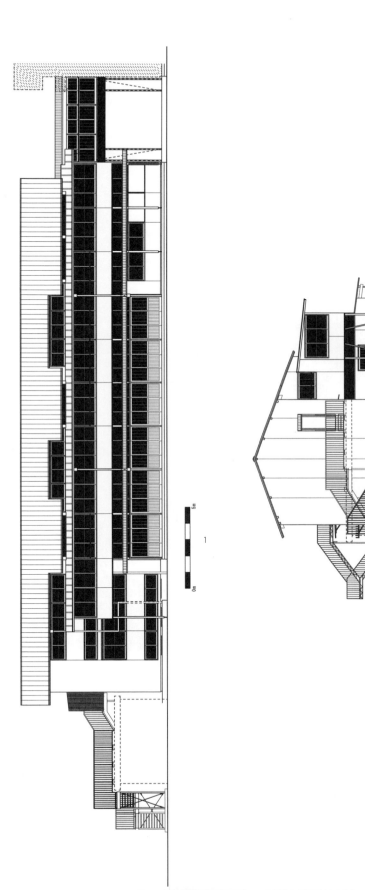

改修後図面

1 東校舎 南側立面図
2 東校舎 西側立面図

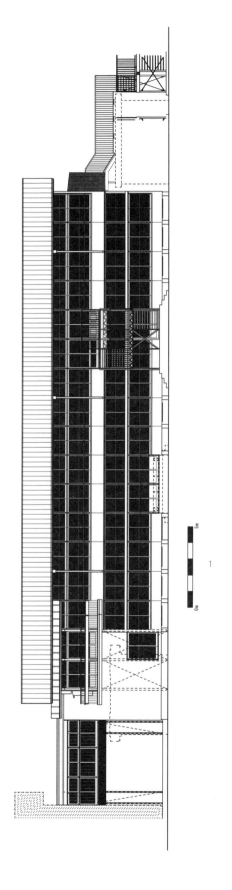
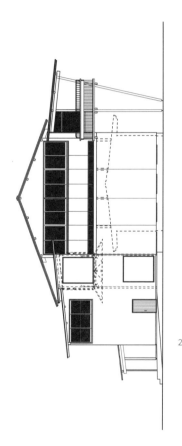

東校舎 断面詳細図-1

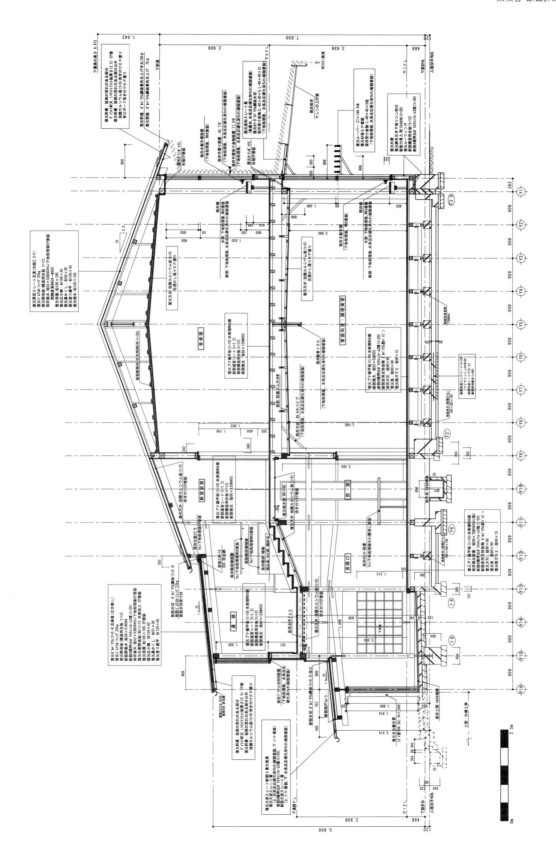

改修後図面

東校舎 断面詳細図-2

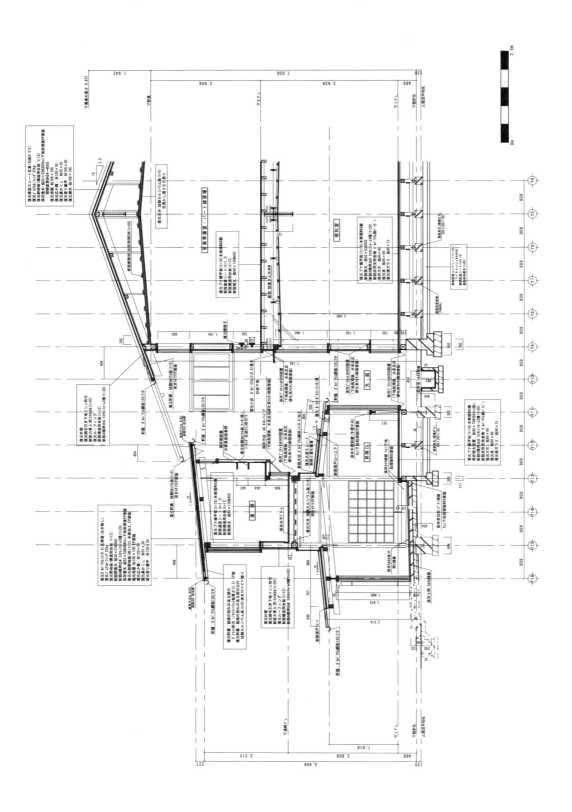

281

1 東校舎 ベランダ詳細図-1
2 東校舎 ベランダ詳細図-2

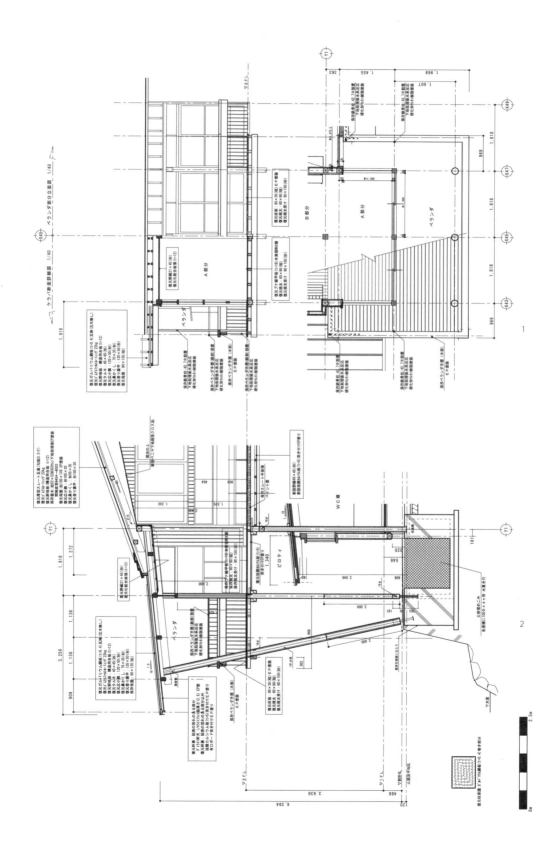

改修後図面

東校舎 渡廊下 断面図

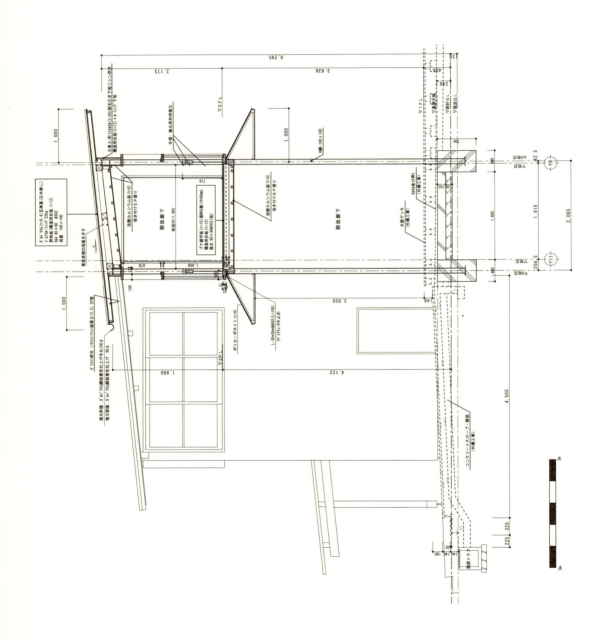

1 東校舎 トイレ棟 平面図
2 東校舎 トイレ棟 断面図

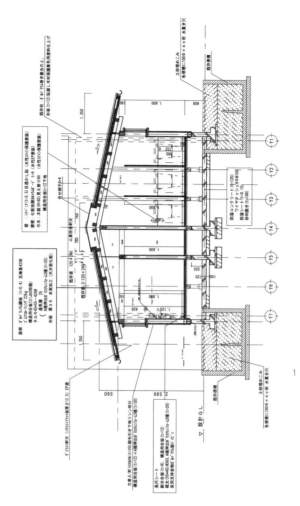
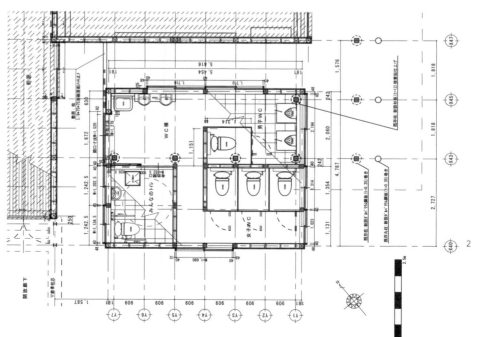

改修後図面

新西校舎 1階平面図 1/300

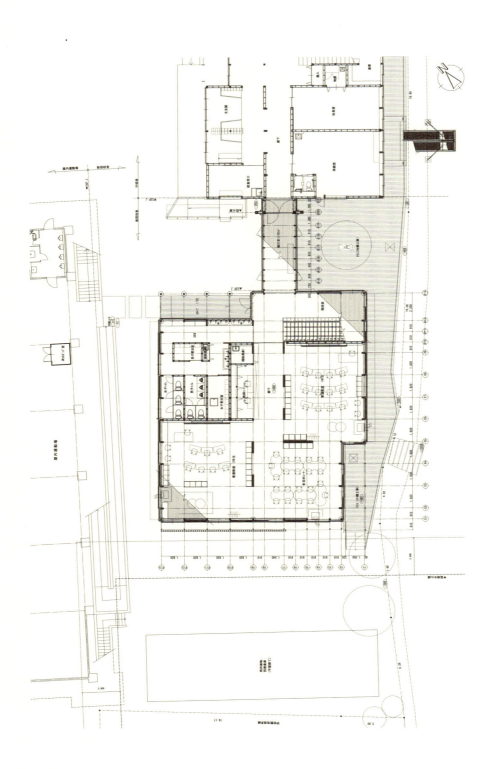

新西校舎 2階平面図 1/300

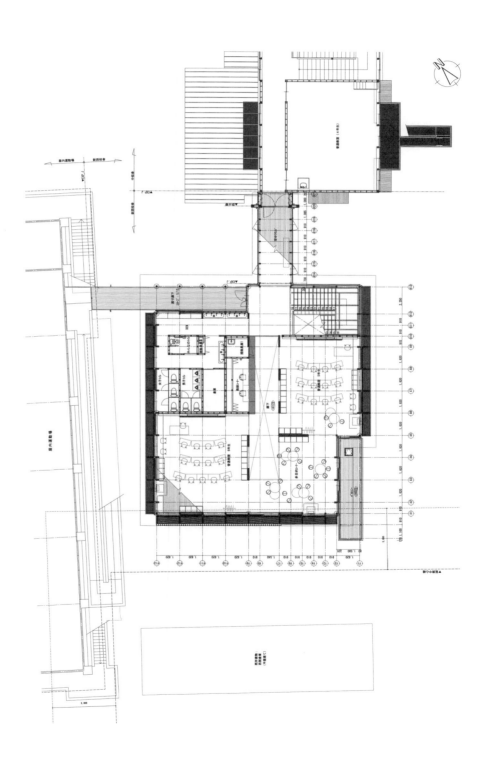

改修後図面　　　　　　　　　　　　　　　　　　　　　　　　　　　　新西校舎 東側立面図　1/150

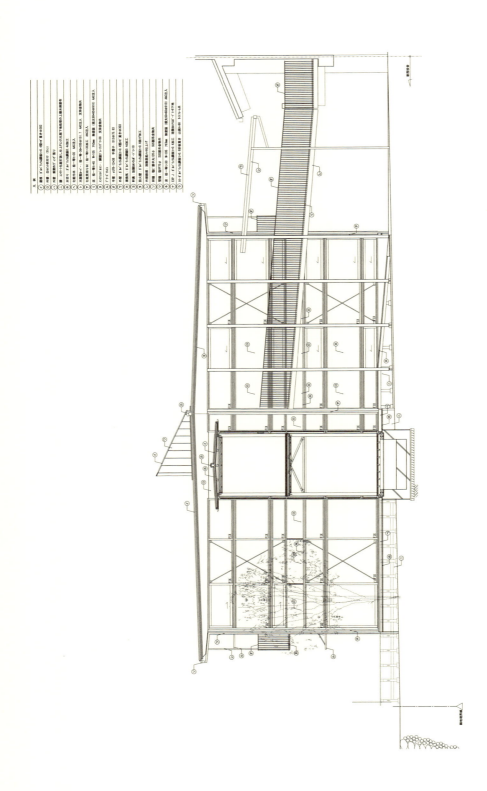

新西校舎 南側立面図 1/150

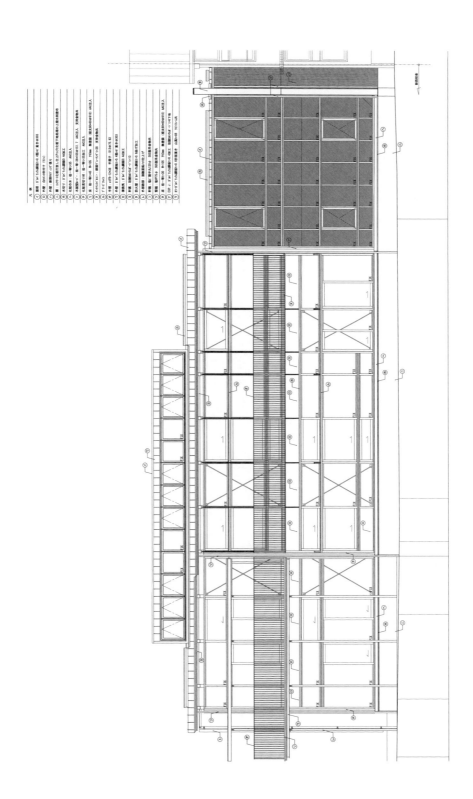

改修後図面　　　　　　　　新西校舎 西側立面図-1　1/150

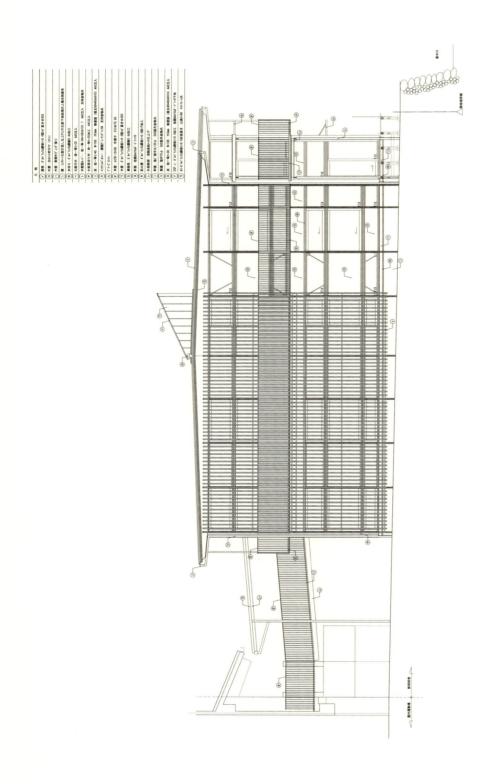

新西校舎 北側立面図-1 1/150

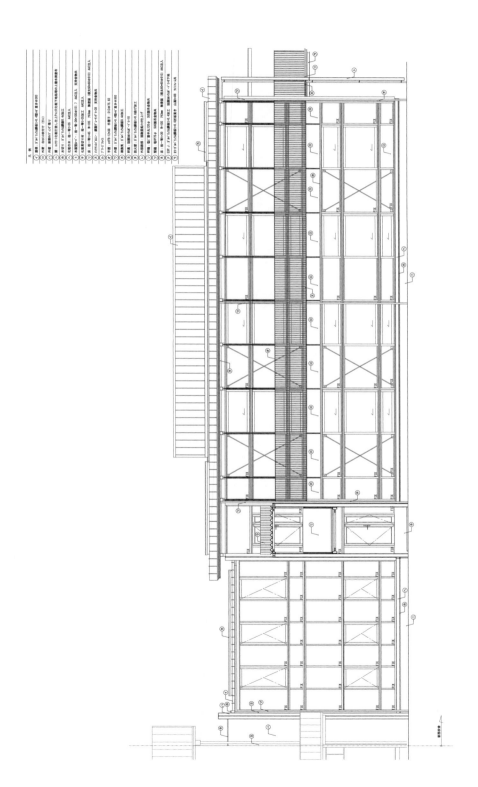

改修後図面

新西校舎 屋根伏図 1/150

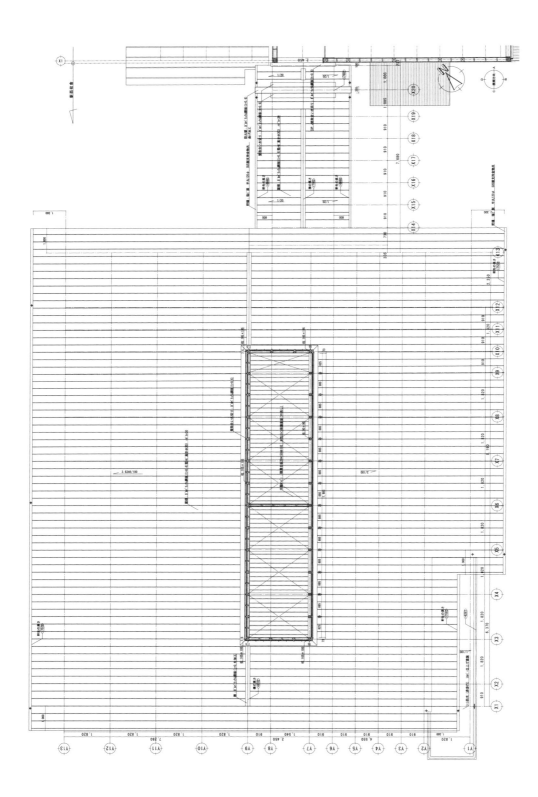

新西校舎 断面詳細図 1/150

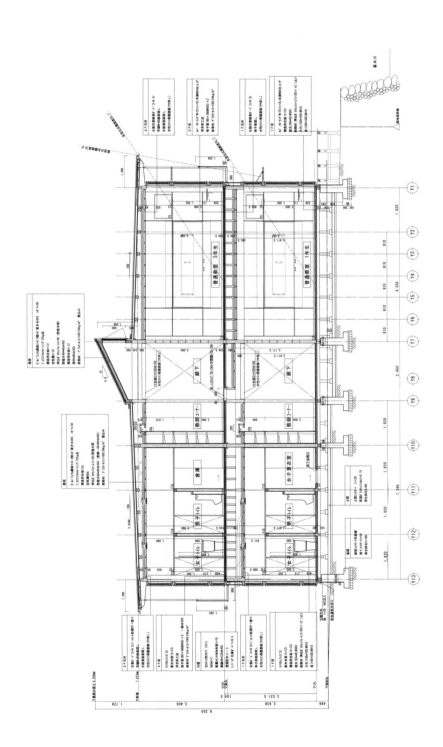

改修後図面

新西校舎 断面詳細図 1/150

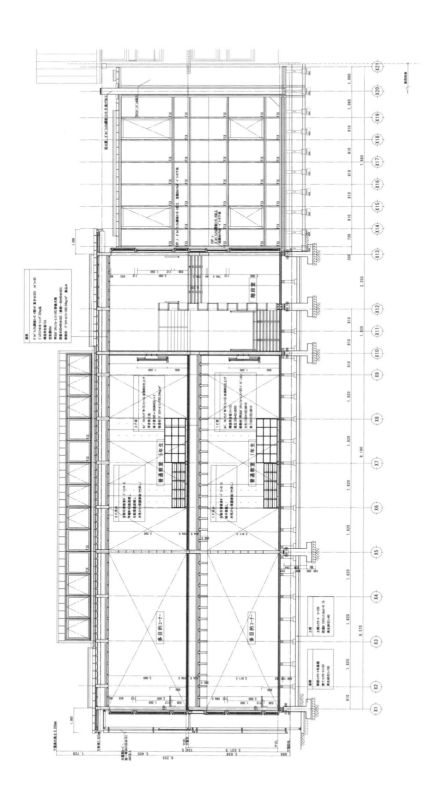

第2部

工事記録

第9章

保存再生工事と日土小学校に関するデータ

事業の運営と経費

本工事にかかる、各事業の経過および経費は以下のとおりである。

1 現況調査・基本計画

現況調査委託事業（平成18年度）
　　　　　　　　　4,068,750 円（税込）
事業期間：平成18年8月18日〜
　　　　　平成19年2月28日
事業者：社団法人日本建築学会四国支部

基本計画委託事業（平成18年度）
　　　　　　　　　2,079,000 円（税込）
事業期間：平成18年12月26日〜
　　　　　平成19年3月31日
事業者：社団法人日本建築学会四国支部
　　　　　　　　計 6,147,750 円（税込）

2 実施設計

実施設計委託事業（平成19年度）
　　　　　　　　　10,290,000 円（税込）
事業期間：平成19年9月7日〜
　　　　　平成20年3月31日
事業者：和田建築設計工房　和田耕一

実施設計委託事業（平成20年度）
　　　　　　　　　919,000 円（税込）
事業期間：平成21年3月12日〜
　　　　　平成21年3月31日
事業者：和田建築設計工房　和田耕一
　　　　　　　　計 11,209,000 円（税込）

3 工事

解体工事（平成20年度）
　　　　　　　　　4,042,500 円（税込）
事業期間：平成20年8月9日〜
　　　　　平成20年8月29日
事業者：八幡浜建設株式会社

西校舎建築主体工事（平成20年度）
　　　　　　　　　139,230,000 円（税込）
事業期間：平成20年8月23日〜
　　　　　平成21年3月31日
事業者：小西建設株式会社

中・東校舎建築主体工事（平成20年度）
　　　　　　　　　202,650,000 円（税込）
事業期間：平成20年9月26日〜
　　　　　平成21年6月30日
事業者：株式会社一宮工務店

電気設備工事（平成20年度）
　　　　　　　　　42,065,000 円（税込）
事業期間：平成20年9月19日〜
　　　　　平成21年6月30日
事業者：株式会社四電工八幡浜営業所

西校舎機械設備工事（平成20年度）
　　　　　　　　　17,646,000 円（税込）
事業期間：平成20年9月23日〜
　　　　　平成21年6月30日
事業者：有限会社野本設備

中・東校舎機械設備工事（平成20年度）
　　　　　　　　　12,062,000 円（税込）
事業期間：平成20年9月19日〜
　　　　　平成21年6月30日
事業者：株式会社デンカ

外構整備工事（平成20年度）
　　　　　　　　　19,429,000 円（税込）
事業期間：平成20年9月19日〜
　　　　　平成21年6月30日
事業者：株式会社伊藤組

夜間照明工事（平成20年度）
　　　　　　　　　1,396,500 円（税込）
事業期間：平成20年9月12日〜
　　　　　平成20年10月31日
事業者：有限会社西宮電気

追加工事（平成21年度）
　　　　　　　　　6,930,000 円（税込）
事業期間：平成21年8月5日〜
　　　　　平成21年8月31日
事業者：株式会社一宮工務店

防球ネット設置工事（平成21年度）
　　　　　　　　　789,600 円（税込）
事業期間：平成21年7月10日〜
　　　　　平成21年8月21日
事業者：株式会社伊藤組
　　　　　　　　計 446,240,600 円（税込）

4 監理監修

工事監理業務委託事業（平成20年度）
　　　　　　　　　3,255,000 円（税込）
事業期間：平成20年9月12日〜
　　　　　平成21年6月30日
事業者：中川一級建築設計事務所

文化財資料作成委託事業（平成20年度）
　　　　　　　　　971,460 円（税込）
事業期間：平成20年8月29日〜
　　　　　平成21年6月30日
事業者：社団法人日本建築学会四国支部

設計意図伝達委託事業（平成20年度）
　　　　　　　　　357,000 円（税込）
事業期間：平成20年8月29日〜
　　　　　平成21年6月30日
事業者：和田建築設計工房　和田耕一
　　　　　　　　計 4,583,460 円（税込）

5 仮設校舎リース
（平成20、21年度）
　　　　　　　　　19,255,000 円（税込）
事業期間：平成20年7月4日〜
　　　　　平成21年8月31日
事業者：日成ビルド工業株式会社
　　　　　松山支店

以上、総事業費 487,435,810 円（税込）

事業および工事関係者

日本建築学会四国支部
日土小学校保存再生特別委員会
主査：
鈴木博之　東京大学名誉教授（建築史）
副査：
曲田清維　愛媛大学教授（住居学）
賀村 智　建築工学研究所主宰
委員：
腰原幹雄　東京大学准教授（構造）
花田佳明　神戸芸術工科大学教授（計画）
吉村 彰　東京電機大学教授（学校建築）
和田耕一　和田建築設計工房主宰
武智和臣　アトリエA&A代表
三好鐵巳　アトリエ3主宰

八幡浜市
梶本教仁　教育委員会 学校教育課
宇都宮菜乃　教育委員会 文化振興課
監督員：原 政治　監理開発課

現況調査、基本計画
（日土小学校校舎改修・改築基本設計）

日本建築学会四国支部

実施設計
（日土小学校校舎改修・改築実施設計）

● 統括、東・中校舎
和田建築設計工房
和田耕一、名本蒼由美

● 新西校舎、外構
アトリエA&A
武智和臣、山内和也

● 東・中・新西校舎構造
東京大学腰原研究室
腰原幹雄、佐藤孝浩

● 電気設備
設備企画N
中矢大三

● 機械設備
エス・ティ設備企画
田中新三

＊実施設計においては、日本建築学会四国支部日土小学校保存再生特別委員会に監修委員会が設置され、指導と助言を受けた。

改修・改築工事
（日土小学校校舎改修・改築工事）

● 工事監理
中川一級建築設計事務所
中川長次

● 設計意図伝達
実施設計者

● 監修委員会
日本建築学会四国支部日土小学校保存再生特別委員会

東・中校舎改修工事

● 建築工事
一宮工務店白滝本店
上川哲郎（現場監督）、乗松尚司

● 解体工事
聖組
市川伸介（職長）、池田賀孝、長岡健二、野中俊一、髙尾 清、下柳 勇、長田政一、徳田直人、清水孝彦、田原春謙吾、泉 博樹、保田竜麻、保田恵吉、伊東大悟、福井賢悟、巨島栄造、尾山 毅、佐々木宣行、森田健太、松下瑞希、中川大樹、泉 英和、曽我部透、森本宣吉、坂本浩幸、佐田友宏、下宮亮輔、中屋敷祐次郎、髙田遼児

● 屋根工事
有光組
土居 勝（職長）、髙岡 仁、玉井 亮、西岡竜郎、武田将文、山本雅彦

● 屋根工事
ニノミヤ金属
佐々木敏彦（職長）、杉本翔太、善家 清

● 屋根工事
大和スレート販売
河野心一（職長）、谷脇 泉、河野数馬、河野優馬、別府 一、河野竜生

● 型枠工事
井上工務店
沖濱章吾（職長）、二宮昭徳、中野敏浩、中田卓也、川口時夫、佐々木清、辰野真一、西川小太郎、髙橋 聖、藤岡栄、坂本吉春、藤原貴仁、田淵岩夫

● 木工事
土居鉄工所
渡辺智樹（職長）、宮田光則、川本雄策、曽我亮平、松平宗清、河野 明、髙橋明博、三好利和、上田哲也、菊池 満、清水保秋、兵頭 淳、藤川健二、山本達人、辻本達雄、瀧野雄次、村上岩光、山本 渉、石田英三、玉井真一

● 重機（レッカー）
城戸運送
土居 正、宮谷 学、池田 裕

● 仮設工事（足場）
トーヨースギウエ
上甲晃久（職長）、瀧本翔介、佐々木大輔、渡邊幸芝、佐々木孝幸、庄司哲也、外田善嗣、福島知之

● 土工事
山下実業
山口隼人（職長）、赤松康憲、作道雅寛、酒井賢二、宮本真二、大濱新治、中西竜也、善家 要、平岡新也、山下一夫、今西善治、冨永正男、東 辰男、松浦圭司、清家一威、山崎義文、山下義幸、田村正美、上田栄作、立花藤男

● 鉄筋工事
浜田鉄筋
野々市佶伸（職長）、松﨑宏之、西原関夫、山崎定保、谷口龍栄、尾﨑 誉、若江 誠、尾﨑 誠、尾﨑 稔、野原 豊

事業および工事関係者

●アンカー工事
南予アンカー工業
根津正昭（職長）、根津謙造

●左官工事
小倉建設
梶原定徳（職長）、佐伯克彦、辰本一三、
佐伯直人、山本福吉、松本浩二、
下崎 忠、高野裕司、中村和也、
武内 稔、宮下久夫、山﨑一寿男、
中村幸彦

●金物工事
ニノミヤ金属
福島修（職長）、広瀬晋司、工藤悠樹

●塗装工事
コマツ塗装
平山敏正（職長）、潮田 進、木村浩次、
宮本省三、小山健太、入川尚史、
兵頭克幸、浅井 淳、有馬正弘、前田 洋、
竹田晃史、藤田友和、芝 誠吾、
小林史明、清家達生、中村信之、
宮崎和彦、安部昌丈、花岡福宣、
高木 宏、上田正幸

●木製建具・家具工事
山本木工所
吉川良太（職長）、竹林浩嗣、岡田隆利、
上田芳勝、武田善廣

●鋼製建具工事
三和シャッター工業
山内広正（職長）、兵頭好光

●ガラス工事
吉村硝子
片岡敏弘、大西昇二

●タイル工事
アリックス
浅野義正（職長）、浅野勝美

●床仕上工事
住ゴム産業
生田興治（職長）、正木智子、清水 亘、
山﨑広秋、清家幸則、三好 陽

●防水工事
マルマストリグ
尾崎光俊、中村誠二

●美装工事
クリーンハウスきくち
菊池洋二（職長）、万願寺伊織、
室谷一樹、菊池祐子

●内装工事
アート企画社
上田有治、上田政幸、室地 正、
山本隆史、室地浩子、冨永郁夫、
清家清司

電気設備工事

四電工宇和島支店八幡浜営業所
豊川 一（現場監督）、戒能健一

●幹線、弱電工事除く一般電気設備工事
井上電気
井上守夫（職長）、宇都宮正明、井上 武、
菊池公利、井上 薫、多田紳平

南海放送音響照明
岩崎晃一（職長）、清水敦史、松浦 浩

●自動火災報知設備工事
南予総合防災
船本博道（職長）、末田誠二

●幹線電気設備工事
奥電
井上文広（職長）、川口豊和、橋本 剛

東・中校舎機械設備工事

デンカ
渡辺裕二（現場監督）、石川耕作、
片山貴之

●配管機器取付工事
八幡浜電工
井上嘉織（現場監督）、橋岡雄祐、
宇都宮朗

外構工事

伊藤組
菊池英治（現場監督）、伊藤庫造

●ウッドデッキ工事
小田森林ログハウジング
北村 慶（職長）、萩森松三

●手摺工事
KM工業
金谷元一（職長）、金谷剛一、井上 賢

●プラットホーム工事
小西ガラス店
小西洋正（職長）、島本好行

●左官工事
城ノ戸技研
福井徳幸（職長）、徳本幹雄

●杭工事
愛南基礎工業
宮本洋之（職長）、徳永弘志、福島 清

新西校舎・屋外機械設備工事

野本設備
野本 守（現場監督）、吉本満孝、
上田孝志

新西校舎改築工事
建築工事

小西建設
兵頭英孝（現場監督）、藤本政史、
清水 裕、山口克則、宇都宮計、
広濱満則

●土工事
はまの工務店
加藤 武、柳沢昭雄、米子勝豊、
登口俊彦、宮崎定義

●塗装吹付・防水工事
菊池塗装
菊池文孝、岡田金次、吉森祐次、
髙橋好則、水口和敏、亀岡平和

●木製建具工事
松本木工所
松本宏治、德野盾夫、德野早苗、
松浦洋男、川上一人、兵頭拓郎

●美装
Life, Bewell
杉内裕斗、竹内夏樹

●仮設工事
トーヨースギウエ
上甲晃久（職長）、庄司哲也、瀧本翔介、
佐々木孝幸、芝元孝浩、加藤錦一、
菊田 樹、高市雅志

●鉄骨工事
松本鉄工
松本勝利、濱田健太、松本孝司

●屋根・内装・金属工事
ハチモク
林 栄一、清水和敏、冨永俊久、
山田也純、矢野博之、柿山裕治郎、
本山通利

●内装工事
インテリア宮本
城戸 強、宮本伸治、佐々木賢二、
上田正幸、上田有治

●金属工事
ニノミヤ金属
松岡俊貴、福島 修、善家 清、
杉本圭弥、佐々木敏彦、兵頭正治、
奥藤厚志、藤井忠昭

●金属製建具・ガラス工事
ハマモト
石黒昭彦、久良正明、濱田道徳、
水崎正隆

●建具工事
ナブコドア
谷本晃敏、西森裕二

●左官工事
高田建設
高田耕次

●木製建具工事
松六
立石元和、岡田政治、久保田松芳、
中矢恵一、中野照若、梶原義満、
高松秀典、奥平計好、国安未唯、
垂水利雄、井戸本満男

●内装工事
インテリア宮本
城戸 強、宮本伸治、佐々木賢二、
上田正幸、上田有治

●家具工事
日光家具工芸
竹口浩二、竹口憲二

●管工事
三原設備
平家昭浩、日野数明

監修作業の経緯

日本建築学会四国支部日土小学校保存再生特別委員会がまとめた基本計画にもとづいて実施設計がなされたが、この間についても同委員会による工事監修(以下、「監修委員会」として機能)がなされた。この監修作業は施工中にも続行され、ときに再調査をしたり、施工方法の再検討などが監修委員会の指示のもとに行われた。

また、監修委員会は愛媛県教育委員会文化財保護課、文化庁の指導を仰ぎ、文化財工事としての審議がなされた。

計8回の主な監修委員会は、日本建築学会四国支部日土小学校保存再生特別委員会(鈴木博之委員長)、八幡浜市教育委員会および監理開発課、設計者、監理者、工事施工担当者を交えて行われた。

監修作業は工事中の現場で行ったほか、現場からの文化財的改修に関する質疑を随時受けた。主な担当委員は次のとおりである。

1 全体総括
　鈴木博之委員長　八幡浜市
2 構造的事項
　腰原幹雄委員　佐藤孝浩
3 文化財的事項
　鈴木博之委員長　曲田清維委員
　花田佳明委員
4 工法および法的事項
　賀村　智委員　三好鐵巳委員
　武智和臣委員　和田耕一委員
5 学校施設的事項
　吉村　彰委員　曲田清維委員
6 松村正恒に関する事項
　花田佳明委員　曲田清維委員

● 第1回監修委員会
日時　平成20年9月12日
場所　日土小学校図書室
参加者
学会：曲田清維、武智和臣、和田耕一
担当：名本蒼由美、山内和也、佐藤孝浩
八幡浜市：梶本教仁、原　政治
監理者：中川長次
(中川一級建築設計事務所)
施工者：上川哲郎・乗松尚司
(一宮工務店)、
豊川　一(四電工)、渡辺裕二(デンカ)、
菊池英治・伊藤庫造(伊藤組)
内容　学会として文化財の改修の意味や理解を監理者、施工者に求める

● 文化庁訪問
日時　平成20年10月2日
場所　文部科学省6階 文化庁会議室
参加者
文化庁：文化財部建造物担当参事官付
文化財調査官　坊城俊成
学会：和田耕一
八幡浜市：梶本教仁
内容　外部鉄骨階段についての説明と記録の遺し方、および文化庁からの日土小学校学現地視察についての協議

● 第2回監修委員会
日時　平成20年10月3日
場所　東京大学鈴木研究室
参加者
学会：鈴木博之、花田佳明、
曲田清維、和田耕一
担当：佐藤孝浩
八幡浜市：梶本教仁
内容　松村正恒の精神性の継承や監修監理についての協議

● 文化庁日土小学校現地視察
日時　平成20年11月6日
場所　日土小学校現場事務所
参加者
文化庁：文化財部建造物担当参事官付
文化財調査官　坊城俊成
愛媛県：重松伸卓(文化財保護課)
学会：曲田清維、武智和臣、和田耕一
担当：名本蒼由美、山内和也、
佐藤孝浩
八幡浜市：井上傳一郎(教育長)、
松本俊一、梶本教仁、
原政治、宇都宮菜乃
監理者：中川長次
(中川一級建築設計事務所)
施工者：米屋與章・上川哲郎・
乗松尚司(一宮工務店)、
藤本政史(小西建設)
内容　現地視察および文化財改修としての共通認識の統一

● 第3回監修委員会
日時　平成20年11月7日
場所　日土小学校現場事務所
参加者
学会：曲田清維、武智和臣、
和田耕一、三好鐵巳
担当：名本蒼由美、山内和也、佐藤孝浩
八幡浜市：梶本教仁、原　政治、
宇都宮菜乃
監理者：中川長次
(中川一級建築設計事務所)
施工者：米屋與章・上川哲郎・乗松尚司
(一宮工務店)、
藤本政史(小西建設)
内容　外部鉄骨階段の扱いや色彩調査について協議

●第4回監修委員会
日時　平成20年12月15日
場所　日土小学校屋内運動場
参加者
学会：鈴木博之、花田佳明、吉村 彰、
腰原幹雄、曲田清維、賀村 智、
武智和臣、和田耕一、三好鐵巳
担当：名本蒼由美、山内和也、佐藤孝浩
八幡浜市：梶本教仁、原 政治、
宇都宮菜乃
監理者：中川長次
（中川一級建築設計事務所）
施工者：上川哲郎・乗松尚司
（一宮工務店）、
豊川 一（四電工）、渡辺裕二（デンカ）、
菊池英治・伊藤庫造（伊藤組）
内容　外部鉄骨階段の保存方法及び
材料や色彩について協議 1

●第5回監修委員会
日時　平成21年2月27日
場所　日土小学校現場事務所
参加者
学会：曲田清維、和田耕一、三好鐵巳
八幡浜市：梶本教仁、原 政治、
宇都宮菜乃
監理者：中川長次
（中川一級建築設計事務所）
施工者：上川哲郎・乗松尚司
（一宮工務店）、豊川 一（四電工）、
渡辺裕二（デンカ）、菊池英治・
伊藤庫造（伊藤組）
内容　色彩についての協議

●文化庁訪問
日時　平成21年3月12日
場所　文部科学省6階 文化庁会議室
参加者
文化庁：文化財部建造物担当参事官
大和智
文化財調査官 坊城俊成、武内正和、
北河大次郎
愛媛県：重松伸卓（文化財保護課）
学会：鈴木博之、曲田清維、和田耕一
八幡浜市：梶本教仁、宇都宮菜乃
内容　改修工事に至る経緯と工事の
進捗状況、現状変更の方法および
内容について確認。喜木川からの
景観に配慮した川側構造物の施工方法、
その他主要箇所の保存方法や範囲、
色彩復元の方針について協議

●第6回監修委員会
日時　平成21年3月31日
場所　日土小学校及び松蔭小学校
参加者
学会：曲田清維、和田耕一
担当：名本蒼由美
八幡浜市：梶本教仁、原 政治、
宇都宮菜乃
監理者：中川長次
（中川一級建築設計事務所）
施工者：乗松尚司（一宮工務店）、
平山敏正（コマツ塗装）
内容　日土小学校および松蔭小学校に
おける色彩調査

●第7回監修委員会
日時　平成21年4月7日
場所　日土小学校及び松蔭小学校
参加者
学会：曲田清維、和田耕一
担当：名本蒼由美
八幡浜市：梶本教仁、原 政治、
宇都宮菜乃
監理者：中川長次
（中川一級建築設計事務所）
施工者：乗松尚司（一宮工務店）、
平山敏正（コマツ塗装）
内容　外壁色彩決定および東校舎階段
踊り場ニッチについての協議

●第8回監修委員会
日時　平成21年5月7日
場所　日土小学校新西校舎
参加者
文化庁：文化財部建造物担当参事官付
文化財調査官 坊城俊成
愛媛県：桑名洋一（文化財保護課）
学会：鈴木博之、花田佳明、吉村 彰、
腰原幹雄、曲田清維、賀村 智、
武智和臣、和田耕一、三好鐵巳
担当：名本蒼由美、山内和也、佐藤孝浩
八幡浜市：井上傳一郎（教育長）、
山本数道、梶本教仁、
原政治、宇都宮菜乃
監理者：中川長次
（中川一級建築設計事務所）
内容　工期や工程についての状況説明
および色彩や構造について報告、
改修仕上げ材料の確認、報告書作成に
ついての協議 2

1　第4回監修委員会の模様

2　現場視察（第8回監修委員会にて）

日土小学校の歴史

明治	8（1875）年		啓蒙学校開設
	9（1876）年		常磐学校と改称。樫木学校（樫木組）、友善学校（森山組）を開設
			＊開校百周年記念誌には「1876（明治9）年啓蒙小学校開設／1878（明治11）年常盤小学校と改称」とある
	11（1878）年	4月	梶谷岡、中当、今出、田久保（田ノ窪）、森山、筵田、福岡に常磐学校の分教場を置く
	20（1887）年	4月	新堂に校舎新築。日土尋常小学校と改称（4年制）。福岡、筵田、田久保の分教場は、それぞれ小学簡易科（3年制）となる
	22（1889）年	2月	市町村制施行により、日土村誕生する
	25（1892）年	6月	新堂尋常小学校と改称。福岡、筵田の両小学簡易科を併せて新道尋常小学校とし、田久保小学簡易科を森山尋常小学校とする
	42（1909）年	4月	日土尋常小学校（6年制）となる。新道、森山の両尋常小学校を本校に合併し、2年生までの分校とする
	43（1910）年	4月	中当に本校校舎新築落成する
	44（1911）年	4月	日土尋常高等小学校と改称、高等科（2年制）を併設する
大正	6（1917）年		このころ、いちょうを植える
	11（1922）年	4月	高等科を3年制とする
昭和	3（1928）年	4月	高等科、3年制を2年制とする。尾の花分校落成、新道より移転
	12（1937）年	7月	講堂新築落成。青年学校生徒の労力奉仕で敷地として埋め立てる
	16（1941）年	4月	日土国民学校と改称、初等科、高等科を置き、義務教育8ヵ年となる
	22（1947）年	4月	学制改革により日土小学校と改称、高等科は新制中学校として発足する
	23（1948）年	4月	PTA発足、初代会長に大森茂氏
	24（1949）年	2月	日土中学校、校舎新築落成
	27（1952）年	4月	尾の花分校が独立し、日土東小学校となる
	30（1955）年	2月	八幡浜市に合併、校名を八幡浜市立日土小学校と改称
		3月	西校舎、増築落成
	31（1956）年	5月	中校舎、新築落成
		10月	開校80周年記念行事行われる。諸井六郎氏より、よろい寄贈される
	33（1958）年	10月	東校舎、新築落成
	36（1961）年	1月	森山分校を廃し本校に合併する
	38（1963）年	2月	運動場に土入れ。ミュージックチャイム取りつける
	40（1965）年	4月	青石中学校発足
	42（1967）年	9月	プール落成
	44（1969）年	4月	特殊学級開設される
	47（1972）年	7月	運動場、夜間照明施設完成
	48（1973）年	8月	日宿直廃止、学校無人化に伴い保管庫・防犯ベル設置される
	51（1976）年	10月	開校百周年記念式典。新しい校旗制定。記念碑、各教室にカラーテレビ設置
	55（1980）年	12月	足洗い場新設
	56（1981）年	8月	家庭科室、職員更衣室、資料室移転新設
	57（1982）年	9月	中校舎、屋根修理
	58（1983）年	2月	プール横、護岸工事完了
		3月	土間スレート、屋根修理
	59（1984）年	10月	プール更衣室完成
	60（1985）年	11月	学校安全優良校として表彰される
	61（1986）年	4月	東、中、西校舎外側塗装
	62（1987）年	7月	給食運搬車通路改修
	63（1988）年	6月	バックネット全面改修
		7月	保健室内改装
平成	元（1989）年	12月	理科室暗幕取替、視聴覚室暗幕新設
	2（1990）年	5月	プール修繕（通路モルタル・小プール手摺・排水工事・シャワー・更衣室トイレ）、学校テレビ放送設備工事
	3（1991）年	7月	プール給水ポンプ取付工事

『開校百周年記念誌ひづち』（日土小学校開校百周年記念事業実行委員会、1976年）、
『学校要覧』、『八幡浜市誌』（八幡浜市誌編纂会、1987年）より作成

	9月	運動場排水・配管工事（全面改修）、台風19号被害（西校舎・講堂瓦、窓硝子等）
	11月	西校舎前通路外灯工事
4（1992）年	11月	西校舎校門駐車場通路外灯工事
6（1994）年	1月	警報機・火災報知器取り替え工事
	3月	パソコン教室開設・9台設置、農協放送無線受信機取付
	8月	1・4・6年教室前後壁面塗装
7（1995）年	5月	作業室・農具室を郷土資料室に、視聴覚室を新図工室に変更
	5・6月	屋内運動場建設に伴う講堂および西校舎半分の撤去に対処し教育備品を搬送
	7月	新図工室（旧視聴覚室）改装、作業室・西倉庫改修
	7・8月	東・中校舎全面大規模改修
	8月	講堂・西校舎北半分解体撤去工事、女子職員便所新設
	9月	屋内運動場建設工事（8年3月完了）
8（1996）年	4月	屋内運動場建設外構工事、西プレハブ倉庫新設、ジャングルジム・すべり台・シーソー設置
	5月	屋内運動場落成式、屋内運動場備品多数購入（体育・音楽・施設関連、体育館建設委員会）、校舎屋内運動場連絡通路人工芝貼り付け工事（体育館建設委員会）、焼却場横、低学年生活科用学校園新設（PTA有志）
	12月	職員室照明取替工事、各教室黒板表面張替
9（1997）年	1月	屋内運動場ステージ中幕設置（体育館建設委員会）
	11月	優良PTA県表彰、建築物四国八十八ヵ所の四十六番札所に決定
10（1998）年	5月	交通安全協会表彰
11（1999）年		DOCOMOMO Japan 20選に選定
	1月	普通教室照明増設・東校舎階段踊り場照明設置
	4月	学校図書館改修
	12月	児童会室、家庭科室照明取り替え
12（2000）年	2月	教室網戸取り付け
13（2001）年	1月	職員室配線工事
	2月	児童用洋式トイレ設置・男女仕切設置、校舎南側ペンキ塗装
	5月	校舎雨漏り修理
14（2002）年	1月	屋内運動場大型スクリーン修理
	2月	屋内運動場出入口滑り止め補修
	3月	職員室流し台改修、バックネット補修、インターフォン設置（校長室・職員室・プール・1階廊下・2階廊下）
	4月	PTAからビデオプロジェクター寄贈
	12月	職員玄関土間改修
15（2003）年	2月	インターフォン増設（全教室）
	6月	作業室外壁修理・百葉箱修理・プール更衣室天井張り替え
16（2004）年	2月	ポケットエコパーク設置
	3月	大小いちょう剪定
	6月	西校舎屋根葺き替え工事
	9月	台風18号被害による修繕工事
17（2005）年	4月	蛍光灯増設工事
18（2006）年	2月	特殊学級整備にともなう改築工事（家庭科室分割）
	6月	耐震応急修理工事（ブレス締め込み等）
19（2007）年	9月	中校舎・東校舎八幡浜市有形文化財（建造物）に指定 中・東・西校舎改修改築実施設計（20年3月完了）
20（2008）年	8月	中・東・西校舎改修・改築工事開始
21（2009）年	3月	西校舎建築主体工事完了
	6月	中・東・西校舎改修・改築工事完了
22（2010）年	1月	1日現在児童数59名、学級数7（うち特別支援学級1）
24（2012）年	11月	重要文化財に指定。保存再生活動に日本建築学会業績賞、ワールド・モニュメント財団／ノール モダニズム賞
26（2014）年	4月	日土東小学校（3月末閉校）日土小学校へ統合
27（2015）年	5月	松村正恒に八幡浜市名誉市民の称号を授与

松村正恒および日土小学校に関する文献等

●松村正恒の著作

単著
- 『無級建築士自筆年譜』
  住まいの図書館出版局、1994年6月
- 『老建築稼の歩んだ道』
  松村妙子（私家版）、1995年2月

共著
- 『四国の民家』日本建築学会四国支部、
  1983年2月
- 『愛媛の近代洋風建築』
  愛媛県文化振興財団、1983年3月
- 『素描・松村正恒』建築家会館、
  1992年10月、宮内嘉久編集事務所編

●松村正恒のおもな論文・論評・対談
（『老建築稼の歩んだ道』に再録された
ものはのぞく）

- 特集「新託児所建築」『国際建築』
  国際建築協会、1939年9月
- 「伊予の民家」『今和次郎先生
  古稀記念文集』相模書房、1959年7月
- 「住宅の設計」『室内』工作舎、
  1963年12月
- 「伝統論私見」『国際建築』
  国際建築協会、1965年1月
- 「地方営繕への提言」『公共建築』
  日刊建設通信社、1967年9月
- 「日本建築家協会第3回大会
  第3分科会討議」『建築家』（機関誌）
  日本建築家協会、1973年4月
- 「風土と建築」（神代雄一郎との対談）
  『ina REPORT（No.16）』伊奈製陶、
  1978年6月
- 「自然で簡素な建築をつくるのに
  真剣だった」『学校建築の冒険
  （INAX BOOKLET vol.8 No.2）』INAX、
  1988年9月
- 「アメリカ仕込みの合理主義者」
  『SD』鹿島出版会、1996年7月

●松村の建築作品が収録された
雑誌・書籍

- 《愛宕中学校、松蔭中学校》
  『建築文化』彰国社、1949年9月
- 《八代中学校》『建築文化』彰国社、
  1950年9月
- 《八幡浜市立病院結核病棟》
  （東病棟の図面も掲載）『建築文化』
  彰国社、1953年10月
- 《江戸岡小学校》『建設情報』
  1954年3月
- 《新谷中学校》『建築文化』彰国社、
  1955年9月
- 《江戸岡小学校 特別教室棟》
  『新建築』新建築社、1956年3月
- 《八幡浜市立病院看護婦寄宿舎》
  『新建築』新建築社、1956年5月
- 《八代中学校、新谷中学校》
  『建築学大系32 学校・教育施設』
  彰国社、1957年7月
- 《狩江小学校》『学校建築の計画』
  （池田伝蔵・片山恂一）理工図書、
  1957年10月
- 《神山小学校》『建築文化』彰国社、
  1958年12月
- 《日土小学校》『建築文化』彰国社、
  1960年2月
- 《日土小学校》『建築年鑑 '60』
  美術出版社、1960年5月
- 《神山小学校、日土小学校》
  『日本建築学会設計計画パンフレット
  No.11 教室の設計』日本建築学会、
  1960年7月
- 《八幡浜総合病院》『四国建築』
  創建社高松支局、1960年7月
- 《日土小学校》『世界建築全集12
  現代III 文化と厚生』平凡社、
  1960年8月
- 《八幡浜総合病院、日土小学校》
  『四国建築』創建社高松支局、
  1961年4・5月
- 《新谷中学校、神山小学校》
  『日本建築学会設計計画パンフレット
  No.17 学校のブロックプラン』
  日本建築学会、1964年1月
- 特集「松村建築設計事務所の作品」
  『近代建築』近代建築社、1970年3月
- 《神山小学校、新谷中学校》
  『新訂 建築学大系32 学校・体育館』
  彰国社、1970年3月
- 《新谷小学校》『新建築』新建築社、
  1970年11月
- 《日土小学校》『日経アーキテクチュア』
  日経マグロウヒル社、1976年10月4日
- 《神山小学校》『建築設計資料集成4』
  丸善、1979年
- 《神山小学校》『学校建築 計画と設計』
  日本建築学会、1979年2月
- 《日土小学校》『建築設計資料集成
  教育・図書』丸善、2003年3月

●日本建築学会四国支部等で作成した
日土小学校の保存再生に関する報告書

- フォーラム「子どもと学校建築」
  日本建築学会四国支部、1999年11月
- 『木霊の学校 日土小』
  日本建築学会四国支部、2004年3月
- 『夏の建築学校 日土小』
  日本建築学会四国支部、2005年1月
- 『夏の建築学校 八幡浜』
  日本建築学会四国支部、2005年12月
- 『夏の建築学校2006──日土小学校の
  再生に向けて』日本建築学会四国支部、
  2007年3月
- 『夏の建築学校2010──
  リビングヘリテージとしての日土小学校』
  日本建築学会四国支部、2011年2月
- 『夏の建築学校2011──
  みんなで語ろう日土小』
  日本建築学会四国支部、2012年3月
- 『日土小学校研究01』
  日本建築学会四国支部、2013年3月
- 『日土小学校研究02』
  日本建築学会四国支部、2014年3月

●日土小学校の保存再生工事に
関する報告書

- 『八幡浜市立日土小学校
  校舎改修・改築に伴う現況調査報告書』
  八幡浜市教育委員会、2007年2月
- 『八幡浜市立日土小学校
  校舎改修・改築に伴う基本計画』
  八幡浜市教育委員会、2008年3月
- 『八幡浜市立日土小学校保存再生工事報告書』
  八幡浜市教育委員会、2010年3月

● 松村正恒や日土小学校に関する
おもな著作・論文・記事

- 内田祥哉「日土小学校を見て」
『建築文化』1960年2月
- 川添登「地方作家の第一人者・
松村正恒」『木工界』1960年7月
- 神代雄一郎「建築家は地方で何を
したか」『建築文化』1960年11月
- 佐々木宏「松村正恒の作風のことなど」
『近代建築』1967年5月
- 花田佳明「モダニズムという
ノスタルジア 松村正恒の残したもの」
『建築文化』1994年9月
- 花田佳明他「四国・公共建築行脚からの
発見」『建築ジャーナル』
1994年11月
- 花田佳明「松村正恒という建築家を
知るために」『住宅建築』1997年2月
- 花田佳明「松村正恒の残したもの」
『再読/日本のモダンアーキテクチャー』
（共著、彰国社）1997年7月
- 田所辰之助＋モダニズム建築研究会
「日土小学校」『建築知識』
1999年8月
- 田所辰之助「生活世界の構築」
『SD』2000年9月
- 花田佳明「夢の中味」
『コンフォルト』2000年4月
- 花田佳明「日土小学校模型製作
プロジェクト」『神戸芸術工科大学
紀要』2001年3月
- 曲田清維「よみがえれ！木霊の学校
日土小」『NPO 木の建築』
2004年4月
- 花田佳明「日土小学校の保存活動の
現状について」『建築雑誌』
2008年2月
- 和田耕一「八幡浜市立日土小学校の
校舎再生 小学校として使い続ける」
文化財を目指して」『NPO 木の建築』
2008年12月
- 腰原幹雄・花田佳明・趙海光・
和田耕一・武智和臣、特集「近代木造の
射程」『住宅建築』2008年12月
- 花田佳明『建築家・松村正恒と
もうひとつのモダニズム』鹿島出版会、
2011年

● 日土小学校保存再生完了後の
紹介記事等

- 花田佳明「よみがえった日土小学校」
『DOCOMOMO Japan News Letter
No.10』2009年夏
- 花田佳明「日土小学校の保存・改修
プロジェクトが示すもの」
『近代建築』2009年9月
- 紹介記事『建築ジャーナル』
2009年9月
- 紹介記事『日経アーキテクチュア』
2009年10月26日
- 花田佳明「日土小学校の保存再生が
くれた夢」『新建築』2009年11月
- 松井晴子「つるかめ建築を支える人々
12／原設計者の想いを継承しながら
時代につながる保存再生にしたい
日土小学校（54～52歳）のワーキング
グループ」2010年2月
- 花田佳明「作為性のない設計としての
保存再生——八幡浜市立日土小学校を
例に」『日本建築学会大会（東海）
建築計画部門 研究協議会「利用の
時代の歴史保全——保存・再生・活用の
立脚点を考える」資料集』
- 花田佳明「八幡浜市立日土小学校の
保存再生」『月刊 文化財』
2012年12月号
- 花田佳明「木造モダニズムのユートピア
——八幡浜市立日土小学校」
Web TOKAI、2011年
- 花田佳明「八幡浜市立日土小学校の
魅力——立ちこめるノスタルジア」
Ohm Bulletin、2013年春号
- 花田佳明「日土小学校「2012年
ワールド・モニュメント財団／
ノール モダニズム賞」受賞報告」
『建築史学』第60号、2013年3月
- 特集「よみがえった日土小学校」
『季刊 文教施設』2014年新春号
- Yoshiaki Hanada (2015),
Conservation and Renovation Project
of Hizuchi Elementary School:
First challenge to treat a post-war
wooden architecture as a cultural
property, *Docomomo Journal*, 52, 21–27
- 花田佳明「地方官庁技術者という生き方
——建築家・松村正恒が貫いたもの」
『建築ジャーナル』2015年3月号

● 展覧会

- 「日土小学校と松村正恒——
木造モダニズムの可能性」展、
2011年4月1日～6月3日、GALLERY A⁴
（ギャラリー エー クワッド）
- 「日土小学校と松村正恒——
保存再生された木造校舎」展、
2011年12月3日～25日、
大阪市立住まいのミュージアム
大阪くらしの今昔館
- 「子どもが生きる空間——
日土小学校と松村正恒」展、
2012年6月1日～7月29日、
愛媛大学ミュージアム
- 八幡浜郷土企画展「日土小学校
国重要文化財指定記念 建築家
松村正恒」2013年7月20日～9月1日、
八幡浜市民ギャラリー

保存再生計画をふりかえって

保存再生までの道のり

　喜木川のほとりに建つ日土小学校は、自然と建築が調和した環境をかたちづくっている。設計者・松村正恒はこの学校において、周辺の環境を取り込み、児童によりよい学習環境を提供しようとした。新しい時代の教育を具現化し、機能とデザインが調和した先進的な建物は、人びとに驚きをもって迎えられた。戦後の復興期、決して潤沢ではない資材を駆使し、地域の子どもたちのために誠実に建てられた校舎は、その後も地域住民やPTAからなるペンキ塗りのボランティアの手で、風雨等による経年劣化から守られ、大切に使われてきた。しかし、時間の経過とともに、校舎は当たり前の風景のなかに埋もれ、老朽化した古い木造建築という認識が地域住民に広がっていった。

　そうした中で1999年、DOCOMOMO Japan 20選に選定されたのを機に、ふたたび脚光を浴びることとなった。2004年の夏には、日土小学校の保存活用をめざして、日本建築学会会員等による「夏の建築学校」が同校を舞台に繰り広げられ、その後も継続的に日土小学校や八幡浜市内で開催されていった。日土小学校や松村正恒が設計した建築群を取り上げたそれらの外部からの動きにより、行政も地域住民もその価値を再認識させられることとなった。

　しかし、2004年9月の台風18号で東校舎の屋根の一部が破損したことを機に、建替えを求めるPTA関係者らの声が一気に強まり、改修か改築かで地域住民を二分した議論となった。改修派は「よいものは残すべきだ」、改築派は「老朽化した建物では、地震等を含め児童の安全性が確保できない」と主張して双方の意見が対立し、議論は平行線を辿った。

　2005年の夏にはこうした事態を打開すべく、教育委員会として「八幡浜市立日土小学校再生計画検討委員会」を組織し、基本方針の策定を委ねることとなった。

　2006年3月には再生計画検討委員会の答申を受け、教育委員会として既存校舎の改修と不足教室の改築を決定した。具体的な再生方針および工事内容については、校舎の現況を調査したうえで検討・決定することとし、2006年8月、日本建築学会四国支部に現況調査と基本計画策定を委託した。その後、現況調査報告会での意見収集、学校・保護者・地域住民を交えた基本計画検討会での意見交換等を経て調整が行われ、2007年3月、現況調査および基本計画について大部の報告書が提出された。

　これを受けて決定した改修・改築の方針は、「安全であること」「現代の教育環境を整備すること」「文化財として使い続けること」であり、これらは、ともすれば相反する内容であったり、矛盾が生じたりすることも多々あったが、松村正恒が児童のためにこの学校をつくったときの理念と現状を判断材料として議論が重ねられた。そして次なる実施設計に移り、日本建築学会四国支部日土小学校保存再生特別委員会の監修の下で2008年3月に設計作業が完了した。

　2008年8月には工事が始まったが、いざ改修となると多くの難問が待ち受けていた。しかし、関係者がそれぞれの立場で知恵を出し合い、手間を惜しまず、技術を駆使して問題に取り組み、2009年6月末に完成の運びとなった。

保存再生計画の全体像

　まず日土小学校の保存再生の全体像を再確認するところから始めたい。すでに述べたように、日土小学校のもつ建築的な特徴は、以下の5点に整理できる。

- クラスター型教室配置の先駆的事例
- 教室への両面採光という考え方の完成形
- 合理的でハイブリッドな構造計画
- 優れた空間性
- 木造によるモダニズム建築の希有な残存事例

　そして、ここには歴史性をもつ特徴と現代性をもつ特徴とがあることから、日土小学校の有する価値を、以下の2点に集約した。

- 戦後の新しい教育への志を空間化し、戦前からの木造建築の流れを継承発展させた希有な残存事例であるという文化財的価値
- 現代でも通用する優れた学校建築としての空間をもつ地域資源としての価値

　さらにこれらふたつの価値をともに守るために、以下の建築的手法を採用した。そして、文化財的価値を損なわないよう、現状の保存と当初の姿への復帰を基本にした改修計画をつくるとともに、現役の小学校として使い続けるために、現代的な学習環境としてふさわしい機能性や、建築基準法等による規制を満たす保存再生計画を立案した。

- 文化財としての価値を尊重し、基本的に当初の状態に戻す。
- 構造補強を行い、現行の建築基準法以上の耐震性能を確保する。
- 東校舎の6つの普通教室の意匠は当初の状態に戻すが、実験台や調理台などを設置して特別教室に変える。
- 中校舎の職員室まわりは改修し、運動場への見通しを確保する。
- 中校舎の特別教室を改修して、ふたつの普通教室とする。
- 床の遮音性の向上、建具の改良、便所の更新など、各所の機能性を高める。
- 新西校舎を建設し、4つの普通教室を確保する。

　その結果、日土小学校という文化財的価値の高い建築の当初の姿を蘇らせ、保存できただけでなく、小学校という当初の機能を維持したまま使い続けることが可能になり、建築物の文化財的価値の保存とその活用の両立が実現したのである。

この計画が実現したもの

　日土小学校の文化財的価値の保存とその活用を両立させた本計画によって得られたものは以下のように整理できるだろう。

複数の時間が共存する空間の素晴らしさ

　新しい日土小学校の空間には、独特の気配が漂っている。それは、どの場所にも当初の日土小学校と新しい要素が共存するという事実によって生み出される何かである。
　もちろん両者の比率は場所によってさまざまだ。たとえば東校舎の各教室は、当初の意匠の空間のなかに、新しい調理台等の什器備品が置かれ、過去と現在が併置されている。中校舎の職員室まわりは外部への視認性を高めるために若干の改修を行い、過去と現在を融合させた。そして新西校舎では、既存部のデザインを抽象的に解釈し、立面の水平性や階段の位置等の決定根拠とすることによって、いわば過去と現在とをメタレベルで接続した。
　いずれにせよ、複数の時間性をひとつの建物のなかに存在させることにより、日土小学校は、歴史や記憶を空間的に伝える装置となったのである。
　それは既存のストックを活かし、過去との連続性を獲得した空間であり、まさにこれからの社会のモデルともいえる。そのような空間で子どもたちが毎日を過ごすことの意義は大きいだろう。

設計行為としての保存再生

　日土小学校の保存再生を通して実感したのは、保存再生という行為は、優れた小学校をつくるという目標に向かい、手持ちの素材をもとになされた建築的思考であるということだ。つまりそれは、まさに設計行為だったのである。
　本計画に関わったメンバーは、日土小学校を保存することの必要性はもちろん、優れた素材であることの自明性を共有し、それを最もうまく活用する道筋を論理的に説明できるデザインを探ったのである。
　それを可能にしたのは、松村正恒の思想やモダニズム建築の特性といえる。つまり、ともにその設計手法が一般性や論理性をもったものであったがゆえに、その上に新しいルールを重ねる保存という設計行為を上書きすることができたのだ。

新しい関係の場を生む装置としての建築づくり

今回の保存再生の対象が小学校であったことの意味は大きい。地域と日土小学校の関係は深く、人びとはその維持管理にも関わってきた。したがって、逆にその去就問題はさまざまな世代を巻き込み、対立も生んだ。

しかし保存再生工事が完了した現在、再び地域の人びとのまとまりが必要であり、新しい日土小学校にはその手がかりがある。

最新の設備をもった特別教室等は、地域の大人たちによるさまざまな活用法が考えられる。校舎の維持管理には引き続き地域の人びとに参加してほしい。また、長期の休みには建築を学ぶ学生や専門家等に開放すれば、またとない「建築の学校」となり、地域にとっても外部からの情報や刺激がもたらされる機会になるだろう。新しい日土小学校は、新しい関係の場を地域につくり出す可能性を秘めている。

戦後建築を考えるうえでの新たな一里塚

さらに、日土小学校の保存再生は、わが国の戦後建築を考えるうえで、重要で新たな一里塚の誕生といえるだろう。

つまり、戦後の新しい国家形成の側面のうち、政治や文化を象徴する建築についてはすでにさまざまな評価が行われてきたが、教育という側面については必ずしも十分ではなく、しかも建て替えが進み、現存事例も少なくなっている。

そのような状況のなかで、日土小学校は、戦後社会が思い描いた新しい教育と学校観を見事に空間化した建築ということができ、政治や文化を支えた建築群と対等の評価を与えることができるだろう。

また、政治や文化に関わる主要な戦後建築がコンクリートでつくられたのに対し、日土小学校が木造であるという点は、戦前との連続性や当時の地方自治体の経済状況の戦後性を示すものとしての評価を与えることもできるだろう。

以上のように、日土小学校の保存再生は、建築の保存論や設計論、さらには地域コミュニティや戦後建築史を考えるうえで、大きな意味をもつといえるのである。

日土小学校のこれから

再生を果たした日土小学校の校舎は、使われることによって本来の役割を果たし、地域のなかで生きていく。このことが、文化財としての日土小学校の価値を高め、後世へ伝えることを可能にする。そのためには、今後以下のことを学校、地域とともに行っていく必要があるだろう。

● 学校として使いつづける

児童の目線に立ってつくられた校舎は、教育活動において機能的であるとともに、学校生活において子どもが思い思いに過せる空間がつくられている。お気に入りの場所で体験し感じたことは、子どもたちの心に自然に、そして深く刻まれるだろう。竣工間もない9月、始業式後の教室で、教師が「100年も200年も学校が続くように、ものを大切にすることを新しくなった校舎とともに始めよう」と児童に話していた。学びと実践がこころをともなうものとなり、それは自然に体得されるだろう。

そして児童自身が日々学校で過ごし、校舎という文化財を守り伝える役割を担うことで、自分の学校への愛情、誇り、ひいてはふるさとを思う気持ちが養われる。その思いは校舎を介して周りの人びとへ、さらに次の世代へと受け継がれていくにちがいない。

● 地域の要として活用する

日土小学校のある日土地区では小学校を核とした公民館活動等が盛んであり、地域住民と学校が一体となって児童と向き合う活動が、校舎を使いながら昔から実践されてきた。

近年、学校と地域の結びつきをあらためて強くしていこう、あるいはそれを復活させていこうと

する理論や実践が顕著となっている。「スクール・コミュニティ」はそのひとつである。それは学校を核とした、あるいは学校という場や関係を介在させた人びととの結びつきや関わりの状態を指し、学校やそこにおける子どもを媒体として、地域の大人と教師の関わり、学校と地域社会の協働関係のあり方を、より良好なものにしていこうとする考え方や実践のことである。その意味では、日土小学校は50年も昔から、ある種の「スクール・コミュニティ」を実践していたことになるといえるだろう。

松村正恒は、学校が生涯学習の場として、地域の核となることをめざした。今回の改修・改築により、機能性が向上した施設を、昇降口を使い分ける等して地域に開くことが容易になった。近年の少子化、過疎化は、当地域でも避けられない課題である。仮に将来、日土小学校が学校としての役割を果たすことができなくなったとしても、その存在意義を失わないよう、地域の核として皆が集う場とすべく、学校・公民館等と連携して積極的に活用していく必要がある。

● 地域の内と外をつなぐ

文化財の活用において、公開は重要な方法のひとつである。建築史・建築文化的な価値をもつこの校舎には、市内外から関心が集まっているが、現役の小学校であるため、第一義である教育活動と、児童の安全、プライバシーにも配慮が必要である。現在、長期休暇にあわせた年3回の見学会が実施されており、今後、さらに学校の協力を得ながら、公開や校舎を活かした学習の機会を設けていくべきだろう。

また、市内には近世から近代に至る歴史的建造物が各所に残されており、市の総合計画においても、その保存活用は主要な施策のひとつとなっている。八幡浜市は2005年に景観行政団体となっており、これら全市的な取組と連携することで、保存活用の促進と幅広い情報発信を図ることができるだろう。

工事完了後、児童が入校する前の夏休みの終わりに、ウッドデッキのペンキ塗りを実施した。参加者は工事を担当した、建設業者、設計者、市職員および学生等総勢30名で、それぞれが校舎への思いを込めながら、作業を楽しんでいた。今後、児童、PTAおよび地域住民に呼びかけ、また建築を志す学生等を交えて、文化財の保全にも配慮しつつメンテナンスを行い、地域内、そして地域と外とを結ぶ機会としてほしい。

日土小学校がそのような新しい関係を人びとに提供する媒体になれば、それはまさに近代建築としての社会的責務を果たしたことになるだろう。

● 文化財として守り伝える

日土小学校は2012年末に国の重要文化財に指定された。そのような施設を日常的に使用することになるため、慎重かつ適切な維持と管理が必要となる。その範囲や内容についても順次検討し、東校舎および中校舎と新築された西校舎との役割を分担する等、適切な管理計画のもとに、学校としての使用と文化財の保全の両立、および地域・公民館活動での利活用を図ってほしい。また、使用することで建物や設備の状態を常時把握でき、万一の不具合にも速やかに対応することが可能となる。

同時に、日土小学校の文化財的価値――建造物としての希少性・先駆性と根底にある理念――を伝えるべく、学校教育・地域活動・各種行事等機会を捉えて周知や啓発に努め、学校に関わる人びとと「ともに守る」体制づくりも必要だろう。

今回の改修・改築工事により、耐震面・機能面・安全面の改善がなされ、建物の使用・保存に必要な条件は整った。文化財としての価値を守った校舎を、世代を超えて使い続けることができる。さまざまな世代が学んだ同じ校舎で子どもたちが学ぶことは、地域の絆を深めるだろう。これから、再び学校を核に住民同士が深くつながり、地域が輝くことで、校舎に込められた松村正恒の思い、建設に携わった人びとの思い、使ってきた児童・教師の思い、守ってきた保護者・地域住民の思いが、校舎とともに再生し、伝えられていくにちがいない。

あとがき

　本書は、八幡浜市立日土小学校の保存再生工事が2009年6月に完了した後、2010年3月に刊行された工事報告書『八幡浜市立日土小学校保存再生工事報告書』（監修・発行：八幡浜市教育委員会、編集：日本建築学会四国支部日土小学校保存再生特別委員会）を再編集し、単行本として出版したものである。

　日土小学校の保存再生工事が完了してから6年あまりの時間がすぎた。その間、幸いなことに建築雑誌・新聞・テレビなどで何度もとり上げられ、東京・大阪・松山・八幡浜では日土小学校と松村正恒に関する展覧会が実現し、さらにシンポジウムや講演会もいく度となく開催された。いずれの機会にも日土小学校の保存再生工事は高く評価され、木造モダニズム建築の保存再生の意義とあり方などについてさまざまな議論が交わされた。しかし、それぞれの場で提供された多くの情報はその場かぎりで消えていかざるをえず、この工事の全貌を手軽に知ることのできる資料の必要性が関係者の間で実感されるようになっていた。

　そこで、工事報告書を単行本化する構想が日土小学校保存再生特別委員会のメンバーから提案され、八幡浜市教育委員会で検討された。すでに刊行された報告書の出版という異例の企画であり、行政内部での慎重な議論を経て実現の運びとなった。ご英断いただいた八幡浜市に深く敬意を表したい。またこの保存再生工事の意義を理解され、出版を引き受けて下さったのは鹿島出版会である。その決断なしに本書は存在しない。担当編集者となった川尻大介氏は、工事報告書を単行本化するという難題を見事に解きほぐして下さった。心からお礼申し上げたい。

　編集作業を行う組織としては、保存再生活動の舵取り役であった鈴木博之先生を委員長に据え、その活動に深く関わった日本建築学会員および八幡浜市教育委員会のメンバーを委員とする編纂委員会（別記参照）を立ち上げた。

　編集作業は以下のような方針に沿って行った。

　1　原則として報告書に準拠し、その意図、内容、構成を大きく変更しない。
　2　一般向けに丁寧な説明が必要だと判断される部分については、加筆修正や構成の変更などを行う。

　具体的には、第1部の改修前後の変化を示す図版頁では解説文を加え図面も大きくし、第2部の工事記録では箇条書き部分を文章化し、目次構成の一部は若干入れ替えて読みやすくするなどの工夫をした。材料等の試験結果を示す書類は割愛した。また、第1部と第2部の間に写真頁を追加した。写真家・山岸剛氏に撮影を依頼した改修後の日土小学校の日常風景である。独特の視点で空間の気配をすくい上げる氏の写真は、

日土小学校と松村正恒の本質を見事に写しとっている。そしてこれらの素材を見事にアレンジし、無骨な工事報告書を美しい書物へと変身させたのがグラフィックデザイナーの白井敬尚氏だ。日土小学校にも来ていただき、この建物のような本にしてほしいというわれわれの夢に形を与えてくださった。おふたりには、お礼の言葉とともに大いなる賛辞を贈りたい。

　改修工事完了後にも、さまざまなうれしい出来事が続いた。2012年5月、日土小学校の保存再生事業は、「日本建築学会賞（業績）」を受賞した。年末には八幡浜市や住民の願いであった「国指定重要文化財」に指定された。戦後建築としては4番目のものである。直前の11月には、ニューヨークに本部を置くワールド・モニュメント財団から「2012年ワールド・モニュメント財団／ノール モダニズム賞」が八幡浜市を含む保存再生関係者に授与された。

　重要文化財の指定理由について文化庁文化財部が見解を記した文章には、「日土小学校の中校舎および東校舎は、合理的な構造と平面計画にもとづき、工業製品と身近な材料を用いながら、創意に富んだ意匠により、開放感と浮揚感のある豊かな空間を実現しており、木造のモダニズム建築の優品として高い価値を有している」（『月刊文化財』第591号）とあり、日土小学校の位置づけが明確化された。またワールド・モニュメント財団がまとめた記念冊子では、日土小学校の保存再生活動は「多くのモダニズム建築の保存再生にとっての模範だといえる」とし、同財団がこの保存再生工事を世界的に意味をもつものとして評価したことがよくわかる。

　最後にひとつだけ残念なことを記さなくてはならない。私たちのリーダーであり、本書の刊行を待ち望んでおられた鈴木博之先生が2014年2月に亡くなられたのである。先生は、日土小学校が重要文化財に指定された後に書かれた文章のなかで、歴史的建造物の保存に際して守るべきものは「オーセンティシティ（真実性・真純性）」であり、日土小学校に即していえば、「学校としての機能を保つためには、当然のことながら、多くの改造、改変を加えなければならない。その改変が一貫した価値観に基づいたものであるか否かを、考えつづけることが重要であった」と振り返っている（「日土小学校の保存活用」『季刊 文教施設』2014年新春号）。鈴木先生のご指導のもと、関係者すべてが自らに課したものが、まさにそのような思考の持続であった。

　本書を鈴木博之先生と日土小学校を設計した建築家・松村正恒に捧げるとともに、本書が危機に瀕した多くの建築の保存再生のために、少しでも役立つことを願ってやまない。

2016年2月3日
「日土小学校の保存と再生」編纂委員会

「日土小学校の保存と再生」
編纂委員会

クレジット

委員長
鈴木博之（東京大学名誉教授）

委員
曲田清維（愛媛大学名誉教授）
花田佳明（神戸芸術工科大学教授）
吉村 彰（東京電機大学教授）
腰原幹雄（東京大学生産技術研究所教授）
賀村 智（建築工学研究所主宰）
和田耕一（和田建築設計工房主宰）
武智和臣（Atelier A+A 代表）
三好鐵巳（アトリエ3主宰）
梶本敦仁（八幡浜市教育委員会）
宇都宮菜乃（八幡浜市教育委員会）

編纂・執筆
鈴木博之
　序言
曲田清維
　第1部 第3章［pp.068-070］、
　第2部［pp.154-156］
花田佳明
　第1部 第1章、第2章、
　第3章［pp.064-065］、
　保存再生計画をふりかえって
吉村 彰
　第1部 第3章［pp.066-068］
腰原幹雄
　第1部 第3章［pp.071-082］
和田耕一
　第1部 第3章［pp.083-088］、
　第4章［pp.090-115］
　第2部 第5章［pp.158,159,161,
　170-186］、第6章［pp.188,189,
　191,200-222］、
　第7章［pp.224-226］
武智和臣
　第1部 第4章［pp.116-119］、
　第2部 第7章［pp.227-231］
梶本敦仁
　第2部 第9章［p.294］
　保存再生計画をふりかえって
宇都宮菜乃
　第2部 第9章［p.294］
　保存再生計画をふりかえって

執筆
佐藤孝浩（桜設計集団）
　第2部 第5章［pp.160,162-169］、
　第6章［pp.190,192-199］
名本蒼由美（和田建築設計工房）
　第2部 第9章［pp.295-299］
原 政治（八幡浜市監理開発課）
　第2部 第7章［p.232］

写真
山岸 剛［pp.004,121-152］
北村 徹［pp.015,037,090,095,
　097,099下右,103左・中,
　105左上・左下,109左,115上・下左,
　116,117上左・上右,118,119,
　158中左,188左下・右上・右下,
　227左上・左下,229左上］
村井 修［pp.028下,029左,039上］
渡辺義雄［p.019］
その他特記なきかぎり編纂委員会

日土小学校の保存と再生
2016年2月28日　第1刷発行

監修
八幡浜市教育委員会
編著
「日土小学校の保存と再生」編纂委員会
発行者
坪内文生
発行所
鹿島出版会
〒104-0028 東京都中央区八重洲2-5-14
電話：03-6202-5200
振替：00160-2-180883

造本
白井敬尚形成事務所
（白井敬尚、加藤雄一、江川拓未）
印刷
壮光舎印刷
製本
牧製本

ISBN 978-4-306-04634-4 C3052
© Yawatahama City Board of Education, 2016,
Printed in Japan

落丁・乱丁本はお取り替えいたします。
本書の無断複製（コピー）は著作権法上での
例外を除き禁じられています。
また、代行業者等に依頼してスキャンや
デジタル化することは、たとえ個人や家庭内の
利用を目的とする場合でも著作権法違反です。
本書の内容に関するご意見・ご感想は
下記までお寄せ下さい。
URL: http://www.kajima-publishing.co.jp
e-mail: info@kajima-publishing.co.jp